Raden Ayou Jodjana

Ein Buch der Selbst-Wiedererziehung

Band 1

Die Struktur und Funktionen
des menschlichen Körpers
als Instrument des Ausdrucks

aus dem Englischen ins Deutsche
übersetzt von Puran Füchslin

© Petama Project 2013

Raden Ayou Jodjana

Ein Buch der Selbst-Wiedererziehung
Band 1

Aus dem Englischen ins Deutsche übersetzt von Puran Füchslin

Zürich: Verlag Petama Project, Zürich, 2013

Veröffentlicht durch:	Petama Project, Puran Füchslin Kanzleistrasse 151, 8004 Zürich Email: puran@petama.ch www.petama.ch
Gestaltung + Layout:	Petama Project, Zürich
Herstellung:	Books on Demand, Norderstedt www.bod.de

1. Auflage by Petama Project
Copyright © 2013 Puran Füchslin *)
*) Lesen Sie bitte das Vorwort des Übersetzers zu diesem Thema

ISBN 978-3-907643-21-1

Bibliografische Information der Deutschen Nationalbibliothek:
Die Deutsche Nationalbibliothek verzeichnet diese Publikation in der Deutschen Nationalbibliografie; detaillierte bibliografische Daten sind im Internet über http://dnb.d-nb.de abrufbar.

Inhaltsverzeichnis

	Seite
Band 1	
Vorwort des Übersetzers	4
Einleitung	6

Teil 1 *Die Struktur und Funktionen des menschlichen Körpers als Instrument des Ausdrucks* — 16

Teil 2 *Das Zwerchfell* — 56
Atmen
Natürliches Atmen
Prana-Atmen
Aufmerksamkeit

Teil 3 *Leben* — 128
Die drei grundlegenden Zustände des Seins

Fotografische Dokumente — 151

Band 2

Teil 4 *Das Wirken des Raums, die einzige kreative Essenz des Ausdrucks*
Die Stützen des Körpers — 6

Teil 5 *Die Wieder-Erziehung der Sinne* — 64

Teil 6 *Die Kunst der Intonation* — 98
Die Grammatik

Teil 7 *Autobiographie* — 124

Teil 8 *Letzte Gedichte und Übungen* — 178

Liebe Freunde,

Vor einem Vierteljahrhundert, es war an einem wunderschönen Sommertag an der Nordseeküste, da bewegte mich das Lebenswerk von Hazrat Inayat Khan, einem Sufi aus Baroda zum ersten Mal bis ins Innerste: Er hatte seine Heimat und sein Leben in Indien aufgegeben, um ein Verständnis in den Westen zu bringen, das vielen auf wundersame Weise Nahrung geworden ist, in ihrem Denken, ihrem Fühlen und ihrem Verständnis gegenüber dem Menschsein. Er gab alles dafür, ungeteilt, aus tiefstem Mitempfinden.

Während der Mittagspause wanderte ich durch die Dünen, die von einem feinen Gewebe von Wurzeln und Büschen überzogen sind, Lebensraum für eine reiche Vielzahl von Heidepflanzen und Tieren. Und überall lagen Zeugen davon herum, wie wir als Sommergäste die Natur erkennen - Bierdosen, Zigarettenstummel, Kartons für Pizzas und Hamburger, bevor sie in den hungrigen Mäulern verschwinden, Pet-Flaschen. Ohne viel zu überlegen begann ich einzusammeln, Tränen flossen, ich schämte mich dafür, was wir sind, was wir tun, wie wenig wir wahrnehmen.

Und bevor ich auf der Krete der Düne ankam, waren beide Hände voller Abfall, ich versuchte einen Korb zu bilden mit beiden Armen, um all das sammeln zu können. Konsterniert, beschämt und enttäuscht kam ich oben an, erkannte erst da, wo ich stand: Beide Hände voll, weit und breit kein Abfalleimer, und ein Impuls schoss mir durch den Kopf: 'Was geht das mich eigentlich an! Ich bin hier Gast in Holland! Weshalb sollte ich, wenn die selber nichts tun!'

Gerade wollte ich die ganze Last einfach fallen lassen, da fiel mir eine grosse Plastiktüte auf, sie lag da, gross genug, um all den Unrat zu sammeln - eigentlich war sie einfach 'Abfall', doch durch das, was mich da bewegt hatte, erhielt diese Tüte eine ganz andere Bedeutung - sie brachte Sinn und Lösung, die Hinterlassenschaften meiner Mitsommergäste gelangten dank ihr dahin, wie es meinem Empfinden entsprach.

Ein Vierteljahrhundert ist seither vergangen, und dass mir nach so langer Zeit das Lebenswerk von Raden Ayou Jodjana vertraut geworden ist, fühlt sich ganz ähnlich an.

Wir leben in einer ganz anderen Zeit heute, viele Lebensbereiche haben sich 'automatisiert', abstrahiert, sogar die Lehren von Hazrat Inayat Khan haben sich marktgerecht abgeschliffen, kaum jemand könnte noch wahrnehmen, was seine ursprünglichen Impulse und Bestrebungen waren.

Als ich 'A Book of Self-Re-Education' letztes Jahr zum ersten Mal las, begann sich im Innern diese Arbeit hier vorzubereiten, eine erstmalige Übersetzung in die deutsche Sprache. Das Verständnis für das Leben und Werk dieser wunderbaren Familie wuchs mit jedem Gedicht, sie wurden mir immer vertrauter, ich dachte keinen Augenblick daran, mehr zu wollen als so getreu wie möglich dieses Buch übersetzen zu dürfen.

Doch dann kommt die Realität des Verlages, der Buchveröffentlichung, und die Frage nach dem Urheberrecht. Ich trage gerne die Verantwortung für diese Arbeit hier, deshalb setze ich auch meinen Namen zum 'Copyright'. Ich leite daraus nicht ab, dass ich einen 'Teil eines Kuchens' beanspruche damit, sondern ich stehe dafür ein, dass der wunderbare Inhalt dieses Buches all die Menschen erreichen möge, dass er unser Verständnis von Leben zum dem mache, wie es sein wird, wenn wir unsere Bestimmung leben.

Vor einer Woche habe ich die Arbeiten zur Übersetzung abgeschlossen, und erst jetzt habe ich mich auf die Suche gemacht, ob wohl noch jemand von der Jodjana-Familie auffindbar würde. Es gab eine Spur, sie heisst Madame Parvati Chavoix-Jodjana, ich werde ihr von meiner Arbeit hier schreiben und ihr das anbieten, was zum 'Copyright' gehört, nämlich dass ihr alle Einkünfte aus dem Erbe ihrer Eltern zustehen, selbstverständlich.

Zürich, 16. April 2013　　　　　　　　　　　Puran Füchslin

Einleitung

Die Resultate einer lebenslangen Forschung   7

Raum   8

Mit Selbst-Wiedererziehung beginnen aus einem Buch   9

Möge das Buch, das ich schreibe   11

Wie dieses Buch der Selbst-Wiedererziehung nutzen   12

Erinnert euch, dass alle Form nichts als Bewegung ist   14

'Sein Nicht-Sein'   15

In unserem Buch sind die Resultate
einer lebenslangen Forschung veröffentlicht:
die Strukturen und Funktionen des menschlichen Körpers
als Instrument des Ausdrucks.
Wir unternahmen ein Studium des Nervensystems,
das Gehirn mit einbezogen,
und seiner grundlegenden intellektuellen Funktionen
der Aufmerksamkeit.
Wir studierten auch die Funktionen des Zentrums des Schwerpunktes,
besonders seine Funktionen im Raum,
und wie er vollkommenes Gleichgewicht schafft in der Form.
Wir erkannten, dass der Schwerpunkt
alle anderen Funktionen koordiniert.
Wir richteten unsere Aufmerksamkeit auch auf die Funktionen
des zentralen Muskels, des Zwerchfells,
das seelische Spannungen in körperliche Spannungen übersetzt.

Raum

O Raum, deine heilige Essenz,
umfasst und durchdringt
alle Formen.

Du sanfter Befreier, setzt uns frei
von allem, was uns zu binden scheint,
trägst uns auf ätherischen Flügeln.

Du Allbarmherziger, Allgegenwärtiger,
eins mit allem, was ist,
Essenz der Wahrheit, enthüllst
durch das Gewebe der Illusionen unseres menschlichen Lebens
jenes tiefste Bewusstsein von reiner Vollkommenheit.

In Dir hat jenes grausame Getrenntsein keinen Bestand,
das uns bedroht durch das verdrehte
Bewusstsein der Beschränkung.

Weil all dein Wirken intimste Beziehung ist,
die vollkommene Einheit aller Dinge.
O Raum, deine Zartheit ist unendlich.

Mit Selbst-Wiedererziehung beginnen aus einem Buch

Selbst-Wiedererziehung zu beginnen aus einem Buch
ist in sich ein risikoreiches Unterfangen.
Wir hoffen und wünschen uns für alle,
die Möglichkeit eines inneren Erforschens zu öffnen,
getragen durch die sanfte Unterstützung der Inspiration.

Ihr werdet erkennen, dass viele Gedichte keine Titel tragen.
Ich sage euch weshalb.
Wenn wir die unterschiedlichen Übungen lehren,
führen wir sie selber aus,
während wir euch beschreiben, wie aufzubrechen
auf einer Spur im Raum,
meistens *im Inneren* unserer Körper.
Wir führen die Schüler auf diesen Spuren,
und sie gehen voran, völlig lebendig und offen,
ohne die gedankliche Anhaftung, ein Resultat zu erzielen.
Doch erkannten wir, dass sie sich gewohnt sind,
die Vorstellung von einem Ziel, das sie erreichen wollen,
in ihrem Gemüt festzuhalten.
Eine Gewohnheit, die sie gänzlich aufgeben sollten.

Wenn wir unsere volle Aufmerksamkeit darauf richteten,
was in ihnen geschah, entdeckten wir, dass sie
im Gemüt bereits erreicht hatten, wohin sie noch gehen mussten.
Wenn sie sich so bewegen, finden sie sich in einem Niemandsland wieder,
und sind nicht offen für Eindrücke und Erfahrungen unterwegs.
Sie werden wie eine Maschine,
angezogen von ihrem fixen Ziel voraus.

Sie sind schon da,
in ihrem Gemüt, sie handeln und sprechen.
Sie spüren den inneren Drang
ihrer ursprünglichen Absicht nicht mehr.
Dann brechen wir zum Erforschen auf mit den Schülern,
bitten sie, sich in jedem Augenblick
der *Bewegung des Suchens* bewusst zu werden;
um eine innere Erfahrung zu entdecken und zu leben,
die sie zuvor nicht gefühlt und nicht gekannt hatten.

Das wunderbare Fassungsvermögen des Gemütes für Aufmerksamkeit
sollte still sein, und offen, und nicht besorgt,
geistige Bilder zu schaffen.
Diese falsche Gewohnheit ist in den meisten so stark,
dass wenn wir sie zu einem bestimmten Ort
im Inneren des Körpers führen,
um klar die Struktur eines Organs zu erspüren,
sogar wenn sie diese Erfahrung mit uns erlebt haben,
sie trotzdem ein geistiges Bild oder einen Begriff schaffen.
Sie nageln die Erfahrung fest
und beginnen dann, die Resultate
untereinander zu diskutieren.
Wenn sie die Übung wiederholen,
wird sich die Erfahrung ausleiern.

Möge das Buch, das ich schreibe

Möge das Buch, das ich schreibe,
wie Inayat Khan mir auftrug,
so angenommen werden, wie er dies erhoffte.
Und möge es eine besondere Basis werden,
auf der sich westliche Menschen
selber wieder-erziehen können;
und die Botschaft verstehen,
die Inayat Khan ihnen zu bringen versuchte
in der Sprache der Musik.

Ebenso wie mein Ehemann, Raden Mas Jodjana,
in den Westen kam mit der gleichen Botschaft.
Doch um sie in der Sprache der
reinen Bewegung zu bringen,
und so die gleiche innere Stille zu schaffen
wie die Musik.

Wie dieses Buch der Selbst-Wiedererziehung nutzen

Wir werden euch immer und immer wieder sagen,
wie dieses Buch zu Selbst-Wiedererziehung genutzt wird.
Bitte hört zu, wenn wir euch warnen,
diese Übungen nicht zu wiederholen
wie wenn es Turnübungen wären.

Einmal begriffen, sollten die Übungen nur *angewendet werden*
bei der Ausführung ganz gewöhnlicher alltäglicher Bewegungen.
Bewegungen, die getan werden müssen, um die notwendigen
täglichen Aufgaben zu erledigen.

Ein Essen vorzubereiten oder einfach zu essen.
Uns anzuziehen, zu putzen oder einen Schrank einzurichten.
Wertet die eine Beschäftigung nicht höher,
wichtiger als eine andere.
Fangt nicht an, auszuwählen, zu vergleichen, vorzuziehen.
Folgt dem Plan des Tages,
der simplen Notwendigkeit entsprechend, etwas zu tun,
wenn es notwendig ist, in diesem Augenblick getan zu werden.

Während ihr handelt oder sprecht, muss eure Aufmerksamkeit
eine Grundübung anwenden. Führt zum Beispiel die
sich neigende, ausdehnende Bewegung von der Wirbelsäule aus.
Oder schafft das Gefühl der beiden Seiten auf der Rückseite
des Körpers in unterschiedliche Richtungen.

Folgt den Bewegungen eures Handelns nicht.
Nehmt die Grundrichtung der Bewegung dieser Übung intensiv auf
und bleibt euch ihrer Stütze allzeit bewusst.
Auf diese Weise, wenn ihr die Übung 'wiederholt',
wird sie auch nie die gleiche sein,
wenn ihr die Übung bei jeder Gelegenheit neu ausführt.

Die Grundübung hält den Körper richtig gestimmt,
gut strukturiert und in freiem Funktionieren.
Die immer wieder neue Beziehung der Grundübung
gegenüber allen Handlungen, die ihr ausführt,
oder die Worte, die ihr sagt,
wird euch helfen,
die dumpfen mechanischen Reaktionen zu vermeiden,
und die griesgrämige Atmosphäre im Leben,
wenn ihr immer und immer wieder
die gleichen Bewegungen wiederholt.

Bitte widmet ihr eure volle Aufmerksamkeit,
und bringt die Anwendung der Übung in den Alltag.
Verändert auf diese Weise langsam eure Gewohnheiten.
Entdeckt, was es bedeutet, zu leben,
und beginnt, die Bedeutung des Lebens zu verstehen.

Erinnert euch, dass alle Form nichts als Bewegung ist

Erinnert euch, dass alle Form nichts als Bewegung ist,
und alle Vielfalt der Form nichts als Vielfalt der Bewegung.
Trotzdem wirkt in jeder Form diese *eine* Bewegung stetig,
durch die sie jeden Augenblick geschaffen wird,
immer wieder neu.

Eine Bewegung des Sammelns - und Form IST
ein ZENTRUM.
Und die Gezeiten des Raums gehen zum
und kommen von diesem Unendlichen Zentrum,
das sammelt und ausstrahlt
zur gleichen Zeit.

Und alles, was um eine Form herum ist,
trägt auf freie Weise zur sammelnden Bewegung
dieser gleichen Form bei.
Aus seinem Zentrum zurückgegeben, strahlt es aus
und fliesst in alle Richtungen in den Raum
zu Formen um es herum.

So ist jede Form einzigartiger Ausdruck aller anderen Form.
Jedes 'Ich' ist ALLES, widerspiegelt in seinem Sammeln.
Und in jeder Form ist das Zentrum, unendlich,
leer und voll zur gleichen Zeit,
jenes des alldurchdringenden Wesens,
jenes der reinen, göttlichen Essenz,
ausgefaltet im Raum, enthüllend durch die Bewegung der Form
das, was sich nicht bewegt, das immer Gleiche.

'Sein Nicht-Sein'

'Sein Nicht-Sein', ewig eins.
Untrennbar, diese beiden.
Quelle der Schöpfung.

Essenz der Form 'Sein Nicht-Sein',
Allgegenwärtig, enthüllt im Leben.
Ewig gleich, und doch immer in neuer Form.
Nie wiederholt, sondern frisch und neu
in jeder Form, in jedem Augenblick.

Und alldurchdringend im Universum.
Manifest in jeder einzelnen Form,
wie klein auch immer.
Diese einfache Wahrheit bringt das ewige Leben
zu jedem Augenblick in jeder existierenden Form.

'Sein Nicht-Sein', ewig verbunden.
Nichts kann sein ohne Nicht-Sein.

Wer zum Sein kommt und zum Nicht-Sein,
kommt zur Vollkommenheit und zum Leben,
dem ganzen und vollen.

Der Tod wird ihm
ein Zustand des Lebens
und die sterbliche Form trägt Unsterblichkeit
in dieser reinen Gnade des Verstehens.

Teil 1

	Seite
Ein Brief an Dr. Jacques Donnars	17
Beginnen wir damit, genau festzuhalten	21
Die Einstellung, die Schüler haben sollten	24
Auf Ratschlag von Schülern	27
Wiederholt Übungen nicht	33
Die Augenbrauen	34
Wir lehren euch nun eine neuen Übung	35
Setzt euch hin und lehnt euch gegen die Stuhllehne	38
Wenn wir die Übung der Augenlider ausführen	40
Das lebendige Haar	42
Die meisten natürlichen Funktionen des Körpers	44
Seid vorsichtig, wenn ihr Yoga lernt	45
Die meisten Übungen sind dazu da, in euch…	47
Der Lebensrhythmis in der Relativen Welt - I	49
Der Lebensrhythmus in der Relativen Welt - II	51
Wenn der Schleier des Schlafes sich hebt	53

Ein Brief an Dr. Jacques Donnars

Dies ist ein Brief an Dr. Jacques Donnars in Paris,
der erste Arzt, der mit mir studierte,
um sich selber zu heilen,
und um seine Patienten
auf der Basis der Lehren
der Raum-Funktionen im menschlichen Körper
zu behandeln.

Wir sollten die Strukturen und Funktionen
des menschlichen Körpers kennen.
Wir sollten sie gut kennen.

Der ganze Körper funktioniert.
Ein koordiniertes Funktionieren aller Organe.
Sie funktionieren ihrer Struktur entsprechend.

Der menschliche Körper wird uns anvertraut
als ein Instrument des Ausdrucks.

Raum ist Essenz im Ausdruck.
Raum ist schöpferische Essenz.
Diese Essenz enthüllt sich
in allen Formen des Universums.
Sie zeigt sich im menschlichen Körper
in all den Funktionen der Organe.
Das Enthüllen dieser Essenz
wirkt im menschlichen Körper
als der schöpferische Atem,
den wir als Begriff kennen,
Prana.

Es ist die Struktur und das Funktionieren der Organe,
die uns ein klares Wissen der Richtung vermitteln,
wenn wir in unserem inneren Raum arbeiten.

Richtungen sind Ausdrucksformen des Raumes.
Vergesst nicht:
Raum ist die einzige Schöpferische Essenz, Essenz im Ausdruck.

Das exakte, klare Wissen, das wir erhalten können,
über die Struktur, die Organe und die Funktionen in unserer Form,
das absolute Verständnis über die Bauweise unseres Körpers
und alles, was sich innerhalb unserer Haut bewegt.
Dieses Wissen können wir aufschreiben,
lehren und anderen weitergeben,
Wissen über alles, was unsere körperliche und messbare Form betrifft.
Dies ist das Wissen, das wir erhalten und vervollkommnen sollten,
mit dem gleichen klaren Bewusstsein und der Genauigkeit,
währenddem die Schöpferische Essenz wirkt
durch alle Substanzen unserer körperlichen Form.

Wie können wir unser Verständnis öffnen zu dieser klaren Einsicht
in die Beziehung zwischen Essenz und Substanz?
Dies ist die Frage.
In 70 Jahren der Forschung
haben wir versucht, diese Frage zu beantworten.
Und ich denke, dass ich die Antwort gefunden habe.

Es ist ein Erbe, das mein Mann, mein Sohn und ich
anderen Menschen hinterlassen möchten.

Männern und Frauen, die bereit wären,
die innere Disziplin anzunehmen,
und den unaufhörlichen Prozess der Anwendung
des Wissens, das aus dem inneren Forschen geboren ist.

Und es immer wieder neu anzuwenden in allen Umständen
und in allen Situationen.
So dass sie lernen mögen, das Wirken dieser
Schöpferischen Essenz in den Substanzen ihrer Körper
zu meistern.

Dieses Wirken wird sich in ihnen zeigen,
in Haltungen und Gesten, im Gesichtsausdruck,
in den Bewegungen des äusseren Raumes,
in der Intonation, die in innerer Bewegung geschaffen wird,
als klingende Gesten der Stimme.

Nur die Männer und Frauen, die wählen,
ein für allemal, ihre Bestimmung auf diese Weise zu erfüllen,
werden in der menschlichen Entwicklung
neue und vollkommene Menschen werden.

Für dieses Ziel leben wir hier auf Erden.
Es ist die Botschaft unseres Lebens.
Jeder von uns kann dies erfüllen.
Weil sogar den Bescheidensten bestimmt ist,
ihre Aufgabe zu erfüllen in der
unendlichen Harmonie der Schöpfung.

Ganz tun, was immer wir tun,
mit jenem angeborenen Geschmack von Liebe und Vollkommenheit,
der manchmal verborgen, begraben liegt,
von unserem Bewusstsein verjagt,
und doch in der Tiefe unseres eigenen Wesens verwurzelt.

Dies wird uns freimachen von der Wahl
zwischen Gut und Böse.

Weil das Gute nicht Vollkommenheit ist.
Gutes zu tun kann uns stolz machen.
Und Stolz nährt das Böse.

Das Böse kann uns manchmal geradewegs
zum Bewusstsein der Vollkommenheit führen.

Ganz und vollständig die bescheidenste Aufgabe erfüllen.
Dies ist einfach,
vielleicht nicht leicht.
Es mag uns vielleicht nicht jenes besondere Glücksgefühl bringen,
nach dem wir vergebens Ausschau halten.
Doch mag es uns Frieden und Heiterkeit bringen,
und uns helfen, Freude zu schaffen
für jene um uns herum.

Beginnen wir damit, genau festzuhalten

Beginnen wir damit, genau festzuhalten
wie wir ein klares Bewusstsein erlangen können
von der unendlichen, formlosen und unermesslichen
Essenz des Raumes.
Und wie wir das exakte Wissen erlangen können
über ihr Wirken.
Lasst uns lernen, teilzunehmen
an ihrem schöpferischen Prozess des Ausdrucks.

Lasst uns zuerst erkennen, dass Raum
unendlich ist, sogar in einem Fingerhut.
Raum in der Essenz, in allen Dingen,
in allen beschränkten Formen
klein oder gross.

Lao Tsu hat dies gelehrt
sechshundert Jahre vor der Geburt Christi.
Und Chuang Tsu, der grosse Dichter, sein Schüler
schrieb es nieder.
Und so haben wir das 'Tao Te Ching'
dieses edle Buch.
Es sagt in einfachen Worten,
dass wir mit Lehm und einem Rad
ein Gefäss schaffen können.
Doch die Essenz des Gefässes
ist der Raum im Gefäss drin.
Der Grund, wofür wir es schaffen –
eine Flüssigkeit aufzunehmen.

Und so ist es mit vier Wänden und einem Dach –
ein Haus,
doch seine Bestimmung ist, in seinem Raum
Menschen Obdach zu geben.

All dies bringt uns in Erinnerung,
in unserem Wissen und Verständnis
dass Raum die Essenz ist
in allen Formen
ohne eine einzige Ausnahme.

Wir sollten unsere Aufmerksamkeit
diesem wesentlichen Wirken des Raums
in unserer eigenen Form widmen.

Unsere Beziehung zu anderen Formen
im Raum um uns herum
ist Richtung.

Es ist offensichtlich, dass wir
nicht nur erkennen können,
sondern auch all das wählen, all dem folgen
und ausdrücken können,
was wir möchten, dass andere wissen,
in der Richtung unserer Bewegungen
und unserer Gesten.

Und wir können Aufmerksamkeit schenken
und verstehen,
was andere Leute und andere Dinge
uns mitteilen wollen,
in der Richtung ihrer Bewegungen und Gesten.

Der wahre Sinn aller Formen,
ihrem Anfang, ihrer Existenz und ihres Lebens,
liegt in dieser absoluten Vereintheit
von Essenz und Substanz.

Erkennt, dass die Wissenschaft uns sagt –
'Aller Bewegung wohnt Raum inne'

Die Einstellung, die Schüler haben sollten

Die Einstellung, die Schüler haben sollten,
wenn sie auf der Basis der Lehren in diesem Buch
mit Selbst Wieder-Erziehung beginnen wollen,
ist wichtig.

Wenn sich der Wunsch zeigt, die Struktur und das Funktionieren
des Körpers durch innere Erfahrung kontrollieren zu wollen,
sollte dieses erste Kapitel den Zugang zu den Übungen unterstützen.
Weil wir fühlen und durch das Fühlen wissen sollten,
was sich im Inneren unserer körperlichen Form tut.
Die Einleitung enthüllt nicht nur intellektuelle Information.
Sie darf nicht zu Aussagen
über abstrakte Themen führen.
Es sollte darüber nicht gelesen oder gesprochen werden,
oder weitergegeben, indem Worte wiederholt werden.
Alle Übungen werden Bewegungen sein,
Bewegungen der Aufmerksamkeit im Raum.

Wir müssen unsere Aufmerksamkeit sanft lösen
von dem, wo sie im äusseren Raum herumwandert.
Dann fangen wir an, sie zu bewegen,
auf verschiedene Regionen im Innern des Körpers zu,
dahin, wo wir ein sensorisches Gefühl empfinden wollen,
von der exakten Struktur und vom Funktionieren dieser Teile,
die wir zum Entdecken ausgewählt haben.

Wenn wir zum Beispiel unsere Aufmerksamkeit
von irgend einem Ort im Raum vor uns lösen,

dahin, wo unsere Augenlider sind,
bewegen wir uns auf einer Spur durch den Raum
in einer präzisen Richtung – wir nähern uns unserem Gesicht.

Wenn diese Bewegung die
Oberfläche unserer Maske berührt,
können wir als Sinneseindruck spüren,
wo die Augenlider sind.
Die Augenlider schliessen sich vielleicht.
Wir sind bei und in unseren Augenlider.

Wenn wir diese Übung ausführen
und diese Spur fühlen, der wir durch den Raum gefolgt sind,
wird dies vielleicht zum Beginn
eines neuen Bewusstseins in der Richtung
in der wir uns bewegen.

Bald werden wir fähig sein,
das Gefühl der reinen Raum-Erfahrung
zu erleben und zu kennen,
werden uns bewusst werden und
die Richtung als Ausdruck der Bewegung im Raum meistern.

Jede einzelne Übung verlangt diese Vorbereitung,
in der wir unmittelbar
die intime Beziehung schaffen
zwischen schöpferischer, ausdrucksfähiger Essenz,
und den Substanzen unserer körperlichen Form.

Es ist sehr schwierig,
unsere Aufmerksamkeit auf Hände zu richten,
auf unsere eigenen oder auf jene eines anderen
und zu erkennen: Ich habe eine Hand,
du hast eine Hand.

Oder,
deine Hände zu spüren und fähig zu sein,
Dinge mit den Händen zu tun,
ganz lebendig in deinem Gefühl,
und ganz gegenwärtig im Tun.

Auf Ratschlag von Schülern

Auf Ratschlag von Schülern entschieden wir,
im Vorwort eine einzelne Übung als Beispiel
mit grosser Genauigkeit zu erklären und zu lehren,
und wie alle anderen Übungen
vorbereitet und ausgeführt werden.

Durch das, was ihr schon erfahren
und gelernt habt,
die Richtung der Bewegung im Raum
zu erspüren und zu fühlen,
werdet ihr den Ort im Raum erreichen,
wo ihr fühlen könnt und in Verbindung seid
mit jenen Teilen,
die ihr kennenlernen und erforschen wollt im Gespür,
sie lebendig und erreichbar zu empfinden,
wie sie euch helfen, was immer ihr euch wünscht,
zeigen zu können, und von anderen verstanden zu werden.

So beginnen wir wieder mit dem Vorbereiten,
eine Spur zu schaffen durch den Raum
und die Augenlider zu erreichen.

Wenn wir im Inneren angelangt sind, lernen wir nun,
die Richtung ihrer Struktur zu spüren.
Die Fasern der kleinen Muskeln des Augenlids
sind an der Nasenwurzel angeheftet, links und rechts,
waagerecht strukturiert.
In gerader Linie gehen sie in gegensätzliche Richtung
von der Nasenwurzel zu den äusseren Enden der Augenbrauen,
auf die Schläfen hin.

In diesen gleichen Richtungen werden sie erneuert
durch die beständig erneuernde Bewegung des Lebens.

Und die Bewegung ihrer Funktion,
sich zu schliessen und euren Augen Entspannung zu geben,
führt sich in einer Bewegung in der gleichen Richtung aus -
von der Nasenwurzel in gegensätzlicher Richtung,
nach links und rechts
zu den äusseren Enden der Augenlider hin.

Lasst uns zusammenfassen und nochmals festhalten.
Wir haben gelernt, zuallererst das Schaffen
einer unendlichen Beziehung zu meistern,
mit all den verschiedenen Teilen eures eigenen Körpers.
Zweitens, da, wo diese Teil in euch
gegenwärtig und lebendig sind,
werdet ihr ihre Struktur spüren können.
Und die Richtung ihrer Struktur
wird euch ermöglichen, die Richtung ihrer Funktion
fühlen zu können, entsprechend ihrer Struktur.
Dann werdet ihr entdecken, dass diese Richtungen
der Struktur und der Funktionen
koordiniert sind mit der sich
beständig erneuernden Bewegung des Lebens.
Wenn eure Bewegungen des Ausdrucks auf diese Weise
in Harmonie sind mit diesen grundlegenden Bewegungen des Lebens,
der Struktur und Funktion in der gleichen Richtung,
werden eure Bewegungen vollständig lebendig,
spontan und schöpferisch sein.

Wir werden euch nun verschiedene Übungen geben,
die ihr ausführen könnt,
und ihr werdet nach der Vorbereitung,
den Hinweisen entsprechend, die im Vorwort gegeben wurden,
in der Lage sein, nicht nur die Struktur und Funktion
der verschiedenen Teile eures Körpers zu spüren und zu kennen,
sondern auch die Richtungen dieser
beständig erneuernden Bewegung des Lebens
aller Substanzen in eurer körperlichen Form
spüren und erkennen lernen.

Diese Bewegung der Erneuerung in eurem Körper
ist die schöpferische Aktivität des Lebens,
die Quelle des Lebens in unserer Form,
unser Gleichgewichtszentrum, der Schwerpunkt;
sie bewirkt in uns diese dauernde Erneuerung
durch alle Substanzen unserer Organe,
Knochen, Gelenke, Muskeln und Nerven.
So müssen wir mit den Übungen
den Körper von allen inneren und körperlichen
Verkrampfungen befreien.

Unsere Form ist völlig empfänglich.
Und wir sollten sie weit offen halten
zu allen Seiten hin,
wie wir angewiesen werden
in den ältesten Lehren, die in den
Heiligen Schriften der Vedas niedergeschrieben wurden:
'Seid nicht einseitig, seid offen zu allen Seiten hin.'

Wir bitten euch nun,
während ihr die Struktur und die Funktion
der Augenlider spürt,
euch der Empfindung bewusst zu werden,
die in eurem inneren Raum
gerade hinter diesen Augenlidern geschaffen wird.

Ein Lächeln wird geboren hinter diesen Augenlidern,
entstanden aus dem Gefühl
der Befreiung der Augenlider,
von der Anspannung und vom Stress
wenn ihr sie oft zu einer Bewegung zwingt,
nach unten oder
sie zur Nasenwurzel hin zieht.

Versucht, diese falschen Bewegungen auszuführen,
und spürt die so grundlegend unterschiedlichen Empfindungen,
die sie hinter den Augenlidern auslösen.
Und erlaubt dann euren Augenlidern wieder,
die Bewegung des Schliessens auszuführen,
ihrer natürlichen Struktur entsprechend.

Übt dies
immer wieder
schafft jedes Mal
eine neue Annäherung an diese gleichen Spuren,
und spürt nach, was und wie ihr fühlt
im inneren Raum.
Und dann seid offen, das Gefühl der Befreiung
zu entdecken und euch daran zu freuen.

Dann könnt ihr euch befreien von der Spannung,
die das Zusammenziehen der Augenlider verursacht.

Öffnet dann eure Aufmerksamkeit noch mehr.
Erwacht, spürt und werdet euch bewusst
dass die Übung der Augenlider in eurem Hirn
ein Gefühl der Entspannung geschaffen hat;
eine Neigung, die dauernde Anspannung
loszulassen, die das mechanische Denken bringt,
über und um die kleinen Häppchen
von unverdauten Gedanken.

Ich bin sicher, ihr versteht,
dass wir euch lehren,
die Funktion der Aufmerksamkeit zu entwickeln,
ihre Empfänglichkeit zu intensivieren,
die vollständig ist.

Wir sind leider immer gierig darauf,
alles zu wissen und zu kontrollieren
mit dem Intellekt.

Lasst uns die Übung der Augenlider nochmals tun.
wenn wir dann spüren, wie das Gehirn entspannt ist,
lasst uns unsere Aufmerksamkeit noch ein bisschen weiter öffnen.
Spürt und fühlt von der Nasenwurzel aus,
dass sich unsere Nasenflügel
geweitet haben.
Ihr habt dieses Weiten nicht getan,
Es weitete sich selber.

Diese Entdeckung ist wichtig:
eine befreiende Bewegung, die sich selber befreit
weil ihr diese eine Funktion der Augenlider
befreit habt.

Spürt, wie unter den geweiteten Flügeln der Nase,
euer Atmen
zu einer einzigen Bewegung wurde.
Und nun seid ihr vollkommen befreit
von der falschen, erzwungenen Weise zu atmen;
einen Atemzug zu nehmen
und ihn auszustossen,
jene Weise, die euch verunmöglicht,
schöpferisch, natürlich, spontan
zu sprechen und euch zu bewegen.

Wiederholt Übungen nicht

Wiederholt Übungen nicht.
Schafft die Empfindung und Erfahrung einer Übung neu.
Sie werden euch zu vielen inneren Entdeckungen führen
über Dinge, die sehr wichtig sind, dass ihr sie erkennt.

Versucht nicht, Dinge herauszufinden und zu erfinden,
über die ihr vielleicht die Kontrolle verlieren könnt,
wenn ihr versucht, sie zu eurem Vorteil zu nutzen
auf Kosten von dem, was ihr als 'das Andere' empfindet;
Formen im Raum um euch herum zu zerstören,
die dafür da sind, eure eigene Identität
in Form und Wesen zu nähren.

Weil alles 'das Andere' ist, was um euch herum ist;
es wird von den Sinnen im Zentrum eurer Form gesammelt
und schafft euch -
als einzigartiger Aspekt von dem, was 'anders' ist,
dazu bestimmt, aus diesem gleichen Zentrum auszustrahlen,
der Form, die ihr 'Ich' nennt.
Es enthüllt, dass ihr Mitglied der menschlichen Rasse seid,
bereit, der Entwicklung der Menschen zu dienen.

Die Augenbrauen

Nähert euch nochmals eurem Gesicht
und dem Ort, wo eure Augenlider sind.
Spürt, wie sie sich von der Nasenwurzel
nach links und rechts wegstrecken
in gegensätzliche Richtungen.
Dann spürt die Augenbrauen über diesen Augenlidern.
Ihre Bogen über den Augen,
auch Teil der Nasenwurzel, in gegensätzliche Richtungen
auf die Schläfen zu.
Um so mehr werden ihr spüren,
wie sich die Augenlider zu den äusseren Enden hin dehnen.
Und wenn sich die Augenlider schliessen,
lasst eure Augäpfel zur Ruhe kommen
in den äusseren Enden ihrer Fassung.

Dann bleibt da hinter den geschlossenen Augenlidern.
Ihr seid in eurem Inneren,
gelöst vom äusseren Raum.
Bleibt da einfach eine Weile,
nur ein paar Augenblicke, verzückt in innerer Vision.
Ein Lächeln wird geboren.

Wir lehren euch nun eine neue Übung

Wir lehren euch nun eine neue Übung,
sie ist von grösster Wichtigkeit.
Diese Übung muss lebendig bewahrt werden als Basis,
allen schöpferischen Ausdruck zu meistern
in Wort und Tat.

Ihr beginnt damit, eure Aufmerksamkeit zu öffnen
und hinter den wunderschönen Muscheln eurer Ohren
die Klänge aufzunehmen, die ihr
im äusseren Raum hört.

Alle Urvölker und alle Tiere
hören hinter ihren Ohren.
Klänge vom äusseren Raum
- da sind immer Geräusche im äusseren Raum -
bringen die innere Haut eurer Trommelfelle zum Schwingen.

Lasst euch nicht ablenken von diesen äusseren Geräuschen.
Lasst die Schwingungen den Nervensträngen entlang laufen,
sie werden die Klänge zu euren Zentren der Aufmerksamkeit tragen,
und dort werden sie Eindrücke hinterlassen.
Und dann durch eure motorischen Zentren,
hin zum Gipfel des Atlaswirbels
dorthin, wo euer Kopf das Gleichgewicht findet
für sein ganzes Gewicht.

Dann werdet ihr lernen,
inneres Hören zu fühlen und zu verstehen.

Wenn ihr dieses innere Geschehen
gefühlt und erlebt habt,
werdet ihr entdecken, dass sich eure Augen
durch dieses Geschehen selber geweitet haben
zu den äusseren Enden eurer Augenlider hin.
Eine Bewegung, die ihr zuvor schon gelernt habt,
die euch gelehrt hat, nicht äussere Dinge anzuschauen.
Ihr werdet nicht anschauen,
ihr werdet sehen.
Wenn ihr nach innen zu hören beginnt,
werdet ihr die innere Bedeutung
aller Klänge, Worte und Bewegungen verstehen.

Wenn ihr nicht weiter schaut, sondern seht,
nicht versucht, äussere Töne zu erhaschen,
sondern nach innen zu hören
und eine vertiefende innere Stille schafft,
da, wo ihr nach und nach
die Antwort auf eure Frage empfangen werdet
'Was muss geschehen in diesem Augenblick?'
Dann wird sich die Antwort in euch selber erfüllen.
Ihr seid dann bereit für eine neue Haltung im Leben.
Ihr werdet euren Hinterkopf fühlen,
sogar in den geschäftigsten Augenblicken des Tages
wie er sich leicht nach rückwärts neigt.
Dann spürt ihr vielleicht, dass ihr durch den Tag getragen werdet,
auf jenen Augenblick zu, wenn ihr euch
in dieser Krümmung niederlegt,
und euer Kopf in das Kissen sinkt.

Und während ihr vorangeht
und eure Aufgaben erfüllt
die sich in euch erfüllen,
wird euch dieses intensive Gefühl
der Öffnung und das Eintreten in den Zustand
der vollkommenen Entspannung helfen,
der vollkommenen Empfänglichkeit
von Seele, Gemüt und Körper.

Setzt euch hin und lehnt euch gegen die Stuhllehne

Setzt euch hin und lehnt euch
gegen die Stuhllehne.
Spürt, wie der Stuhl euch vollständig stützt.
Spürt den Boden unter euren Füssen.

Lasst euren Kopf ebenso anlehnen und Stütze finden
an der Stuhllehne, und ruhen
in einer nach rückwärts gewandten Richtung.

Lasst das Gewicht eures Körpers
gegen diese Stützen
für den Kopf, den Körper, die Füsse fallen.
In eurem Rücken gleitet es hinunter zum Stuhl.
Und das Gewicht eurer Beine und Füsse
gleiten zum Boden unter euren Füssen.
Eure Arme werden von den Armlehnen gestützt.

Wenn ihr nun so sitzt, löst eure Aufmerksamkeit vom äusseren Raum.
Nähert euch der Maske eures Gesichts.
Vielleicht findet eure Aufmerksamkeit die Orte, wo eure Augenlider sind,
und kommt im inneren Raum hinter den Augenlider an.

Verweilt da einen Augenblick, eins mit den Augenlidern.
Spürt, wie die Muskelfasern sich strecken,
von der Nasenwurzel weg, in gegensätzlicher Richtung
zu den äusseren Enden der Augen hin

Öffnet eure Aufmerksamkeit
gegenüber den Augenbrauen über euren Augen.
Zeichnet ihren Bogen zu den Schläfen hin nach.
Umso intensiver werdet ihr spüren,
wie sich die Augenlider in Richtung der
äusseren Enden ihrer Höhlen hin strecken.
Die Augenlider strecken sich, schliessen sich selber.
Hinter den geschlossenen Augenlidern wird ein Lächeln geboren.
Ihr seid in euch selber drin, abgelöst vom äusseren Raum.

Bleibt eine Weile so in dieser inneren Vision hinter den Augenlidern,
und spürt zwischen den Augenbrauen die Geburt eines Lächelns.

Dann könnt ihr entdecken,
dass sich die Nasenflügel wie Flügel ausgespannt haben.
Ausgehende und hereinkommende Atemzüge
sind im Fluss der Zeit ausgeglichen,
eins.

Wenn wir die Übung der Augenlider ausführen

Wenn wir die Übung der Augenlider ausführen
und in unserem Inneren Raum hinter diesen Lidern ankommen,
verlieren wir unsere Sicht und erleben ein Gefühl des 'Nichtseins'.
Weil wir im inneren Raum Dinge nicht so sehen,
wie wir uns gewohnt sind, sie im Raum um uns herum zu sehen.

Doch wenn wir uns entscheiden, diesen neuen Zustand anzunehmen,
und diesen neuen Eindruck erleben,
beginnen wir vielleicht, die Essenz des Raums zu spüren.

Im und durch den Raum können wir uns
in jede Richtung bewegen, die wir wählen.
Ebenso wie wir uns im äusseren Raum bewegen,
so können wir in unserem inneren Raum bewusst
eine reine Raumbewegung fühlen.

Geben wir diesem Gefühl all unsere Aufmerksamkeit
und erleben wir es oft,
machen wir uns vertraut mit dieser Erfahrung.
Dann können wir teilhaben an seiner Handlung.
Wir können ein Gefühl entwickeln, und Richtungsbewusstsein,
und so werden wir innere Bewegung zu meistern beginnen.

Wir sollten nie versuchen,
ein wesentliches Organ oder Teil unseres Körpers
während dieses inneren Prozesses der Raumerfahrung
intellektuell zu erfassen.

Wir sollen nur seinen Platz in unserem inneren Raum entdecken,
und die Zentren der Aufmerksamkeit seine Gegenwart aufnehmen.
Lasst uns nie ein einzelnes Partikel
in den engen Grenzen unserer körperlichen Struktur isolieren.
Diese Struktur wird lebendig erhalten durch die
Bewegungen ihrer Funktionen,
weil unser ganzer Körper koordinierte Funktion ist.

So können wir nach und nach
die wundervolle Ganzheit unseres Körpers entdecken,
unser Instrument des Ausdrucks.

Das lebendige Haar

Über den Augenlidern und den Augenbrauen
könnt ihr die Stirn fühlen.
Um die Stirn herum ist der Haaransatz,
er rundet sich nach links und rechts auf die Schläfen zu,
und führt hinter den Ohren nach unten.
Dann neigt er sich,
um dann in der Mitte
am unteren Rand der Schädelbasis zusammenzukommen.
Tief im Nacken
ist eine Grube,
da ruht der Kopf auf der Wirbelsäule.

Das Haar wächst nach hinten über den Schädel,
dann neigt es sich hinter den Ohren
und fällt über den Rücken,
in den rückwärtigen Raum.
Unser lebendiges Haar fliesst nach unten
und verbindet uns mit jenem rückwärtigen Raum,
schützt unseren Nacken und Rücken,
mit dem wir uns anlehnen.
Darin steigen die Erinnerungen
unserer vergangenen Erfahrungen hoch,
wenn wir die Frucht unserer Erfahrung
für den Ausdruck brauchen.

Erinnert euch, dass wir in jedem Augenblick
nicht mehr sind als das Ergebnis
von allem, was wir zuvor erlebt haben.
Die Übung des lebendigen Haares wird in euch
das Bewusstsein der Bewegungen nach hinten wecken.

Vorallem die Bewegung
auf die Zentren der Aufmerksamkeit hin,
links und rechts, tief in der Schädelbasis.
Es wird in euch auch das Gefühl der Stütze
für den Kopf auf der Wirbelsäule stärken.

In der Maske und in eurem Kopf,
neigt sich jedes Teilchen und wird
zu dieser Stütze hin geführt.

Wenn ihr in den verschiedenen Teilen
eures Kopfes und Maske das Gefühl
eurer Beziehung zu dieser Stütze weckt,
könnt ihr auch nach und nach
das direkte Fühlen der Zentren eurer Aufmerksamkeit
hinter den lieblichen Muscheln eurer Ohren stärken,
und ihre Beziehung zur Stütze
des ganzen Kopfes auf dem obersten Wirbel der Säule.

Die meisten natürlichen Funktionen des Körpers

Die meisten natürlichen Funktionen des Körpers
erfüllen ihre Aufgabe ohne jegliche willentliche Handlung unsererseits,
doch wir mischen uns ein, lassen sie nicht natürlich stattfinden,
und so verursachen wir alle Arten von Behinderungen.
Um diese Funktionen wieder zu erwecken,
wenn wir eine Mahlzeit einnehmen, essen und trinken,
sollten wir uns angewöhnen, uns still hinzusetzen.
Dann weckt die Funktion in eurem Mund, Speichel zu erzeugen,
und lasst diese Funktion andauern, vor, während und nachdem
ihr Nahrung in den Mund gegeben habt.
Die Funktion des Herunterschluckens beginnt
und findet wiederum ganz natürlich statt.
Wenn wir den Speichel am Funktionieren erhalten
gleitet die Nahrung von selbst in die Tiefe des Mundes
und hinunter in die Kehle.

Diese zweite Funktion geschieht wiederum von selbst
gegen den Atlaswirbel in der Tiefe eures Mundes,
und sie bringt euch dazu, eine dritte natürliche Funktion zu wecken -
das Hören hinter den Ohrmuscheln.

Seid vorsichtig, wenn ihr Yoga lernt

Seid vorsichtig, wenn ihr Yoga lernt,
und in der Bhagavad-Gita lest,
dass ihr euren Blick auf die Nasenspitze richten sollt.

Setzt euch zuerst hin.
Pflanzt eure Wirbelsäule
und das Kreuzbein
auf die Sitzfläche des Stuhls.

Die Wirbelsäule wird wachsen wie der Stiel einer Blume.
Auf dem obersten Wirbel
ruht das Gewicht der Blume eures Kopfes.

Lehnt euch zurück,
und lasst eure Augenlider sich ausbreiten,
vom Nasenrücken aus nach links und rechts,
in gegensätzlichen Richtungen
auf die äusseren Enden der Augen hin.
Dann spürt die Augenbrauen
die sich über den Augenlidern zeichnen,
wie sie vom gleichen Nasenbein aus
sich zu den Schläfen ausbreiten.

Die Augen unter den Lidern
sind beinahe geschlossen.
Ihr werdet entdecken
dass die Nase ganz sanft
sichtbar wird
für den nach innen gerichteten Blick.

Die Flügel der Nase werden sich dann weiten.
Die Luft unterhalb der Flügel,
fliesst sanft hinaus und kommt herein
im Rhythmus des inneren Lebens.

Der Blick spiegelt nur ganz flüchtig
die Nase.
Die Nase ist da!

Die meisten Übungen sind dafür da, in euch…

Die meisten Übungen sind dafür da, in euch,
in Euren Zentren der Aufmerksamkeit, tief in der Schädelbasis,
ihre Fähigkeit zu entwickeln, sich zu öffnen,
um Eindrücke zu empfangen und aufzunehmen.

Eindrücke aus dem äusseren Raum kommen durch die Sinne herein,
berühren die innere Haut der Sinne,
sie laufen den Nervensträngen entlang,
um die Zentren der Aufmerksamkeit zu erreichen.

Die Zentren nehmen gleichzeitig aus dem inneren Raum
das Bewusstsein der inneren Erfahrung auf.
Und aus dem Gravitätszentrum, dem Schwerpunkt,
erheben sich aus der Tiefe unseres Wesens
Inspiration, Intuition, Absichten und Ideen,
sie gelangen von innen zu diesen Zentren.

Diese äusseren und inneren Eindrücke
führen zum Bedürfnis nach Ausdruck und Kommunikation
mit der Welt um uns herum im äusseren Raum.
Dieses Geschehen schafft Bewegungen
innerhalb unserer Körpers, in verschiedene Richtungen;
Bewegungen, denen schöpferische Kraft innewohnt,
verursacht durch das Wirken der reinen Essenz des Raums.
Diese Bewegungen erwecken im Zentrum der Aufmerksamkeit
inneres Wahrnehmen des Gefühls,
und wir beginnen, die Organe zu spüren
und die Richtung ihrer Funktionen.

So erlangen wir Meisterschaft in unserem Ausdruck,
weil die Schöpferische Essenz die Bewegungen
unseres körperlichen Instruments - des Körpers - anregt.

Der Lebensrhythmus in der Relativen Welt - I

Wir hoffen, dass ihr nun eine Übung
auswählt, jeden Tag, euch aufmacht
in eine Richtung, die euch nun schon vertraut ist,
und dass ihr offen seid,
den neuen Tag zu entdecken, den ihr nun lebt,
der dann beginnt, wenn ihr aufwacht
am Morgen.

Der Menschen hat leider die Gesellschaft
auf solche Weise mechanisiert,
strukturiert und geregelt,
dass er erwacht,
wie wenn er während der Nacht
nicht gelebt hätte,
sondern sein Leben
am Morgen aufnimmt,
beladen mit den Sorgen und Problemen
der vorherigen Nacht.
Während in den Stunden des Schlafes,
den engen Grenzen der Persönlichkeit unbewusst,
und mit den von willkürlicher Dominanz freien Funktionen,
die Gegenwart der Lebenskraft
wieder Gleichgewicht herstellt.
Der Mensch hat dieses Gleichgewicht
durcheinandergebracht
in seinem täglichen Leben,
während den Stunden, in denen er wach ist;
er beschädigt so das wunderbare Instrument
des menschlichen Körpers.

Und so verbreitet er diese Beschädigung in die Welt um ihn herum,
versucht, andere glauben zu machen,
und sich selber,
dass er all dies
für das Beste tut,
so täuscht er andere und sich selber.
Jene, die einfach und bescheiden
diese Selbsterforschung und Selbst-Wieder-Erziehung beginnen,
führen diese Übungen aus, um Wissen zu erlangen
durch individuelle Erfahrung.

Sie fangen an, das Muster
eines einzigartigen und individuellen Lebens zu schaffen,
anders als alle anderen Leben.
Keine Imitation der Handlungen und Ideen irgend eines anderen,
nicht einmal jene eines Gurus.

Sie werden die Möglichkeit entwickeln
Gruppen zu formen.
Zentren des gegenseitigen Verständnisses.
Und jeder einzelne frei,
nicht getrennt
auf die schreckliche Weise,
wie wir im Leben
getrennt bleiben,
sogar von denen, die uns am liebsten sind,
und uns in unserem inneren Wesen doch so
nach Einssein sehnen.

Der Lebensrhythmus in der Relativen Welt - II

Nach der Nachtruhe
breitet sich eine Welle von Energie
aus durch die Form,
durch den Körper.
Und der Kamm
dieser Welle neigt sich
nach vorn und nach unten,
auf den Mittag zu.

Dann braucht der Körper eine Ruhepause
und Nahrung.
Eine ruhige Mahlzeit.
Dies ist wichtig,
weil ihr eine zweite Welle braucht,
die ans Land rollt,
um euch durch den Nachmittag
zu tragen,
und euch ermöglicht,
euch auf andere Weise
spontaner auszudrücken,

Respektiert diese natürlichen Bedingungen
wenn ihr euren Tag plant.

Gegen den Abend hin,
erwachen eure seelischen Funktionen
mehr und mehr.
Vergesst nicht, dass sich die Atmosphäre verändert,
während des Tages
und die Nacht hindurch.

Folglich ist am Abend das Theater offen für die Menschen,
wenn die körperliche Anstrengung im Menschen abebbt.
Dann erwacht das Bedürfnis nach seelischer Nahrung.

Daher müssen die Darsteller vorbereitet und bereit sein,
die Zuhörer auf dem Pfad
der schöpferischen Erfahrung zu führen.

Das Publikum neigt zur Entspannung,
und ist daher offen, aufzunehmen,
wird spontan Gemüt und Körper öffnen,
sich strecken und den Rücken anlehnen.
Sie werden nicht schauen,
sie werden sehen!

Wenn der Schleier des Schlafes sich hebt

Wenn der Schleier des Schlafes sich hebt
am frühen Morgen,
bleiben meine sAugen geschlossen.
Ich liege auf meinem Rücken.
Langsam werde ich mir bewusst,
dass meine Augen hinter ihren Lidern
sich ausgebreitet haben zu ihren äusseren Enden hin.
Es fühlt sich an, wie wenn meine Augen
meine Schläfen erreicht hätten, wie die Augen
der ägyptischen Hieroglyphen,
und jene von persischen und indischen Miniaturen.
Dann setzen vage Geräusche aus dem äusseren Raum
meine Trommelfelle in Schwingung,
dieses Gefühl verbindet sich mit dem Bewusstsein
der tiefen inneren Stille des Schlafes,
und dem Gefühl, dass meine Augen an den Schläfen ruhen.
Dies erweckt das Hören nach Innen,
hinter den Muscheln meiner beiden Ohren.

Das Bewusstsein der inneren Einheit
von Einsicht und diesem Hören nach Innen,
verbindet sich mit der Empfindung
an meinem Hinterkopf,
der ins Kissen sinkt.

All dies schafft einen wunderbaren Zustand
von 'Einfach lebendig sein'
unter dem Schleier des Schlafes,
und zu einem neuen Tag zu erwachen;

zu sein und zu leben, und das Leben
sich durch mein Wesen ausdrücken zu lassen,
was getan, gesagt und gesungen werden muss
im Chor aller Formen im Raum.
Die Musik der Sphären.

Teil 2

	Seite
Das Zwerchfell I - Phrenos	58
Das Zwerchfell II	59
Natürliches Atmen I	62
Natürliches Atmen II	64
Die Qualität des natürlichen Lungenatmens	66
Nochmals Natürliches Atmen	69
Wir beginnen nochmals, unsere Augenlider, Augenbrauen und Nasenflügel zu weiten	71
Die Funktion des Hautatmens	73
Prana-Atmen	74
Die Koordination des Prana-Atmens	77
Strecken und Gähnen	78
Wenn ihr gähnt, zuerst weit dann tief	84
Nochmals strecken	85
Die kleine Stadt	88
Bewegung der Glieder I	90
Bewegung der Glieder II	95

	Seite
'Weshalb muss ich den Rücken gerade halten?'	97
Eine neue Serie von Übungen: Ausbreiten, den Rücken anlehnen, Einsinken	98
Eine einfache Grundübung: Ausbreiten, Anlehnen, Einsinken	101
Das Motto: Ausbreiten, Anlehnen, Einsinken	104
Aufmerksamkeit I	106
Aufmerksamkeit II	108
Aufmerksamkeit III	110
Aufmerksamkeit IV	111
Die Zentren der Aufmerksamkeit I	112
Die Zentren der Aufmerksamkeit II	114
Die Zentren der Aufmerksamkeit III	115
Wir haben das Gefühl, es wäre gut, wieder aufmerksam zu sein	117
Den Körper stimmen I	122
Den Körper stimmen II	125
Bewusstheit des Ausdrucks	126

Das Zwerchfell I - Phrenos

Das Zwerchfell wurde
in der klassischen griechischen Zivilisation
'phrenos' genannt.

Der Ausdruck 'phrenos' bedeutete ursprünglich:
Die Einheit aller Möglichkeiten
im seelischen Ausdruck des Menschen.

Somit ist klar: die alten Griechen wussten
wie sich seelische Spannungen
im Inneren unseres Körpers
zeigen und sich umsetzen können
in körperliche Spannungen dieses Muskels.

Und es ist so: Wir fanden heraus,
dass alle emotionalen und geistigen Ausdrucksweisen,
um sich sichtbar machen zu können,
von den drei grundlegenden Spannungen abhängig sind,
an den Rändern dieses zentralen Muskels - dem Zwerchfell.

Das Zwerchfell II

Das Zwerchfell ist der zentrale Muskel des menschlichen Körpers.
Dieser Muskel ist die Verbindung zwischen Becken und Brustkorb.
Das Zwerchfell hat viele wichtige Funktionen.
Seine Struktur ist ein Kunstwerk.
Seine Ausbildung könnte mit der Struktur der Zunge verglichen werden.
Es hat, wie die Zunge, eine starke Wurzel,
die im Rücken von den unteren Rippen gestützt wird.
Sein Muskelkörper streckt sich von den Wurzeln
wie die Zunge nach vorne.

Unsere Zunge im Mund ist vollkommen frei,
doch die äusseren Ränder des Zwerchfell-Muskelkörpers
beginnen da, wo sich die unteren Rippen abzurunden beginnen.
Diese Ränder des Zwerchfells sind hier und da festgemacht
an diesen abgerundeten Rippen,
da wo die Rippen beginnen, sich zu heben
auf die Vorderseite des Brustkorbes zu,
zum Brustbein hin.

Die Funktion dieser Ränder ist,
die Organe im Becken zu massieren.
Die Bewegung dieser Massage
presst in einer Rückwärts-Vorwärts-Bewegung
rechts von der Leber,
links von der Milz.

Der vordere Teil des Zwerchfells ist frei.
Es umschliesst den Magen,
gibt diesem Organ eine Massage, indem es ihn sanft schubst
nach unten-nach hinten gegen die Wirbelsäule.

Die Eingeweide unterhalb von Leber, Milz und Magen
werden durch die Bewegung der Massage
auch nach unten bewegt.
So werden im Becken all die Organe
durch diese wunderbare Bewegung der Massage koordiniert.

Der Rhythmus dieser Bewegung verändert sich dauernd,
da das Zwerchfell schwingt
und eine andere Funktion erfüllt:
unsere seelischen Spannungen in körperliche Spannungen zu übersetzen,
so dass alles, was wir wünschen und ausdrücken müssen
in unseren Bewegungen sichtbar
und in der Intonation unserer Stimme hörbar werden kann.

Lasst uns nun unsere Aufmerksamkeit
dem vorderen Teil des Muskels widmen,
der den Magen umgibt.
Beim Ausatmen bewegt er den Magen nach unten,
in einer nach hinten gerichteten Bewegung
nähert sich dieser der Wirbelsäule.
Durch diese Massagebewegung wird die Luft
in die Lungen gezogen und ausgestossen.

Dass der freie Teil des Zwerchfells
den Magen nach unten-nach hinten bewegen kann,
müssen die seitlichen Rippen offen bleiben beim Ausatmen.
Wenn wir so ausatmen, verändern diese Rippen
ihre offene Haltung und Position nicht.

Wenn ihr die Rippen offenlässt,
wenn der Atem hinausfliesst,
und die äusseren Ränder des Zwerchfells nicht zusammenzieht,
wird die Luft hereingezogen werden,
und ihr werdet etwas gelernt haben:
Natürliches Atmen.

Wir müssen dem viel Aufmerksamkeit widmen,
das Zwerchfell freizuhalten
von den auferzwungenen Verkrampfungen
von willentlichem, künstlichem Atmen,
oder falscher Anwendung von Yoga-Übungen,
die so oft missverstanden werden
von Schülern, und sogar von Meistern.

Natürliches Atmen I

Für das natürliche Atmen dürfen wir nicht vergessen,
dass der vordere Teil des Zwerchfells
frei bleibt.

Natürliches Atmen schafft
eine Grube beim Magen.
Wenn wir ausatmen,
zieht sich der vordere Teil dieses Muskels,
der den Magen umgibt
langsam gegen die Wirbelsäule zurück.
Die Luft fliesst sanft hinein
unter den geweiteten Nasenflügeln,
gleitet sanft nach hinten über den harten Gaumen,
über den weichen Gaumen,
bis tief in den Mund hinein.
Sie sinkt dann und breitet sich aus
gegen die Rückwand der Kehle,
und sinkt weiter die Luftröhre hinunter,
streicht zwischen den Stimmbändern hindurch,
nach links und rechts in gegensätzliche Richtungen.

Sie fliesst auch in den Rumpf, links und rechts
unter den Schultern,
in die Röhren der Bronchien
und tiefer hinunter in die Lungen.

Die Luft findet da ihre Stütze
am unteren Rücken und den seitlichen Rippen.
So bleibt der Raum unter dem Brustbein frei,
unter dem vorderen Teil des zentralen Muskels,
der den Magen umschliesst.
Und die vordere Seite des ganzen Körpers
bleibt weit offen und ruht entspannt.

Wir sollten uns immer bewusst bleiben,
dass beim Hinausfliessen
die Luft ihre Stütze am Boden
des Beckens findet,
und unter den äusseren Rändern der Lungen.
Der obere vordere Teil des ganzen Brustkorbes
und der Mund
blieben vollkommen frei,
ohne jegliche Sorge um
das Einatmen der Luft.

Natürliches Atmen II

Wenn ihr natürliches Atmen übt,
wendet zuerst das Prana-Atmen
durch die Gliedmassen an.
Fühlt, wie und wo
die oberen Armknochen und die Oberschenkelknochen
ihre Gelenkköpfe in die Pfannen gelegt haben.

Fühlt sie in ihrer richtigen Richtung
nach links und rechts:
Die Arme, wie sie aus ihren Höhlen
unter den Schultern hervorkommen,
und wie die Köpfe und Hälse der Oberschenkelknochen
aus ihren Höhlen tief im Becken kommen
links und rechts nach unten zeigend
aus diesen Pfannen heraus.

Lasst eure Aufmerksamkeit nochmals öffnen
auf das Innere eures Rückens zu,
zur Region der unteren Rippen im Rücken,
dann lasst eine Bewegung sich ausbreiten
nach links und rechts in diese Region.

Mit dieser ausbreitenden Bewegung,
werden die beiden äusseren Ränder des Zwerchfellmuskels,
gerade unterhalb der Lungen,
die Luft hereinziehen.
Die Luft findet ihre Stütze gegen die Rippen im Rücken
und gegen die Seiten dieser gleichen Rippen,
wo sie sich in einer Vorwärtsbewegung abrunden.

Lasst euren Atem gleichmässig hinausfliessen.
Das Herein- und Hinausfliessen des Atems
wird dann in einer einzigen Bewegung verbunden sein,
wie die Bewegung der Wellen des Ozeans.

Euer Atem wird
alle Lautäusserungen unterstützen,
auf einem inneren Rhythmus,
und auch all eure Bewegungen.

Die Qualität des natürlichen Lungenatmens

Der Atem, der hinausfliesst
trägt Ausdrucksbewegung in sich.
Grundlegend und wichtig zu wissen.
Beim Ausatmen
trägt die Luft unsere Aktivität hinaus.

Wann immer ihr handelt,
oder euch in Sprache ausdrückt,
führt eure Handlungen aus
auf dem hinausfliessenden Atem,
ohne die Luft hinaus zu stossen oder zu pressen.

Es genügt, eure Handlungen und Worte
auf dem ausgehenden Atem tragen zu lassen.
Wir müssen nur fühlen und uns bewusst sein,
dass der menschliche Atem
in sich eine Kraft ist.

Nehmt nie einen Atemzug,
haltet ihn auch nicht an, wenn ihr handelt.
Atem ist ein Geschenk,
das wir bescheiden annehmen sollten.

Sobald ihr den Atem aufgebraucht
und gehandelt habt,
lasst die Luft wieder in eure Lungen fliessen,
und bleibt entspannt.
Lasst den hineinfliessenden Atem ein Geschenk sein.
Er ist ein Geschenk für euer nächstes Handeln.

Manchmal möchten sich die Leute entspannen
und lassen ihren Atem einfach laufen.
Sie haben das Gefühl und denken,
dass das Ausatmen in sich eine Entspannung sei.
Doch dies schafft noch nicht
jenen Zustand von vollkommener Ruhe und Freiheit,
die wir erlangen möchten.
Ausatmen, um entspannt zu werden
ist ein enormes aktives Suchen.

Das Geschenk des Atems,
der in eure Lungen kommt
nach einem ganz natürlichen Ausatmen,
ist das Werk der äusseren Ränder
des Zwerchfells, indem sie die Luft hineinsaugen
und die Leber und Milz massieren.
Erinnert euch: diese äusseren Ränder
massieren die Organe im Becken
und ziehen gleichzeitig die Luft
tief in die Lungen.

Beachtet, dass die Bewegung des Einatmens
nur ganz kurze Zeit braucht.
Vielleicht denkt ihr,
dass ihr nur wenig Luft erhält.
Doch sie genügt!
Lasst es einfach zu
und widmet all eure Aufmerksamkeit
dem, was ihr ausdrücken möchtet,
während die Luft hereinfliesst.

Wir haben uns angewöhnt, bewusst
so viel Luft wie nur möglich
in uns hineinzuziehen.
So beginnen wir,
unter Druck zu leiden,
auf die Stimmbänder
und in der Kehle.
Wir versuchen, so unseren Atem zu beherrschen,
doch erweist sich dies, und ist
unmöglich.

Nochmals Natürliches Atmen

Viele Institute werben für besondere Methoden
des Bauch-Atmens, Brust-Atmens,
oder lehren das Weiten der seitlichen Rippen beim Einatmen,
und sie nach innen zu ziehen beim Ausatmen.

All diese Methoden vernachlässigen das natürliche Atmen,
das der Struktur und Funktion der Organe entspricht.
So lernt das Zwerchfell, künstlich zu atmen.
Dies verursacht ernsthafte Degeneration
vieler Organe in unserem Körper:
Eine falsche Koordination der Funktionen der Eingeweiden,
des Magens, von Herz und Lunge.
Und so wird die natürliche Koordination
zwischen Körper und Kopf blockiert
und die direkte Verbindung und das Gleichgewicht
zwischen den Funktionen gestört,
die Eindrücke aufnehmen;
und so auch der schöpferische Prozess des Ausdrucks.

Stören wir unser natürliches Atmen nicht weiter,
lasst diese Funktion tief im Becken stattfinden,
die unteren Ränder des Zwerchfells saugen die Luft ein
und geben dabei Leber und Milz eine Massage.

Diese Bewegung sucht sich tief unten körperliche Stütze,
im Becken, gegen den grossen Wirbel über dem Steissbein.

Dann wird sich in uns
das Lagerhaus der vergangenen Erfahrungen öffnen.
Während des Einatmens breitet sich
Inspiration aus, steigt und schafft,
der Notwendigkeit des Augenblicks entsprechend,
das richtige Wort, die einfache vollkommene Tat,
die genau in diesem Augenblick dem richtigen Handeln entspricht.

Und zur gleichen Zeit, sinkt die gleichen Bewegung
durch beide Beine hinunter,
auf die Erde zu.
Die ganze Form wird gestützt
in vollkommenem Gleichgewicht.

Diese körperliche Stütze im Boden des Beckens
ist da eins mit der seelischen Stütze.
Nur wenn das Einssein
der körperlichen und seelischen Stütze nicht gestört ist,
bleibt der Brustkorb entspannt
und die Lungen frei von Belastung und Anspannung.
Sie lässt den Atem den Klang tragen
in seiner spontanen Intonation von Wort und Lied.
Sie wird all unsere Bewegungen
auf natürliche Weise tragen.

Wir beginnen nochmals, unsere Augenlider, Augenbrauen und Nasenflügel zu weiten

Wir beginnen nochmals, unsere Augenlider,
Augenbrauen und Nasenflügel zu weiten,
und spüren, wie sich die Lappen unseres Hirns entspannen,
und wie vom Haaransatz unserer Stirn
das Haar unseren Kopf in einer
nach hinten-nach unten-Richtung bedeckt.

Dann öffnen wir die Zentren unserer Aufmerksamkeit,
da wo unsere unteren Rippen sich runden
und zu seitlichen Rippen werden;
wir pflanzen die unteren seitlichen Rippen
fest an der Rückseite unserer Hüftknochen.
Die seitlichen Rippen weiten sich dann,
und wir können uns in der Hüfte zurücklehnen
gegen die Wurzel des Zwerchfells.

Wenn wir ausatmen, sinkt der Magen
in einer Rückwärtsbewegung zum Steissbein hin,
in der Massagebewegung,
die das Zwerchfell diesem Organ gibt.
Die Zentren unserer Aufmerksamkeit nehmen diese
Abwärtsbewegung auf und den neuen Zustand
im Inneren unseres Beckens.

Dann erwarten wir ruhig das Bedürfnis nach dem Geschenk des Atems.
Wir empfangen dieses Geschenk, lassen unseren Magen unten,
weil wir nicht nach einem Geschenk greifen müssen.

Auf der festen Stütze der unteren Rippen auf den Hüftknochen
beginnen die Ränder unseres Zwerchfells in den gerundeten Rippen,
Leber und Milz zu massieren,
in einer Rückwärts-Vorwärts-Bewegung.
Dann wird wiederum der freie Teil des Zwerchfells
den Magen weiter massieren.

So werden wir uns bewusst, dass diese eine Massagebewegung,
die das Zwerchfell allen Organen im Becken gibt,
die Einheit unserer Atembewegung wieder herstellt,
das Ein- und Ausatmen als Einheit.
Unser Lungenatmen und das Atmen unserer Haut
sind dann koordiniert
und werden vom Lebensatem getragen,
der Grundfunktion unseres Schwerpunktzentrums.

Diesem Muskel wurde der griechische Name
des Zwerchfells, 'phrenos', gegeben,
weil 'phrenos' die alte Bezeichnung war
für die Gesamtheit der seelischen Fähigkeiten des Menschen.
Die alten Griechen wussten, dass die Spannungen
unserer seelischen Fähigkeiten durch das Zwerchfell
in körperliche Spannungen übersetzt werden.
Deshalb können wir uns in der Bewegungssprache
spontan ausdrücken, in vollkommenem Einklang
mit den klanglichen Gesten des Singens und Sprechens.

Die Funktion des Hautatmens

Eine überaus wichtige Funktion
beginnt in uns im Augenblick
unserer Geburt,
wenn unser Leben im äusseren Raum beginnt.

Es ist das Atmen unserer Haut.
Das Hautatmen ist viele Jahre lange sehr intensiv.
Es ist notwendig, die Haut der Kleinkinder sauber zu halten,
weil die Poren sich öffnen müssen,
um diesem Hautatmen
das intensive Funktionieren zu ermöglichen.
Es ist so notwendig
wie das Atmen unserer Lungen.

In einigen Teilen des Körpers,
atmet die Haut Luft ein,
während in anderen Teilen
die Haut Luft ausatmet -
sogar Flüssigkeiten,
wie beim Schwitzen.

Prana-Atmen

Prana-Atmen ist der Atem des Lebens –
gleichzeitiges Konzentrieren-Ausstrahlen,
die Grundfunktion unseres Schwerpunktzentrums.
Es ist der schöpferische Atem des Raums
der allen Bewegungen innewohnt.

Wir sollten nicht versuchen, Prana-Atmen zu meistern.
Atem ist ein Geschenk.
Prana-Atmen ist das Geschenk des Lebens,
es schafft unsere Form, unseren lebendigen Körper.
Es unterstützt alle Bewegungen,
alle Funktionen,
erneuert alle Substanzen,
und fliesst durch jeden Partikel unseres Körpers.

Wir sollten das Geschenk mit Ehrfurcht annehmen
und uns seines Wirkens bewusst werden.
Dies sollten wir lernen
und wir werden euch sagen wie.
Es ist wichtig, aus vielen Gründen, euer ganzes Leben lang.
Am Ende des Lebens wird es diese Bewegung sein,
die uns von diesem Leben durch den Tod hindurch
in das Leben nach dem Tod tragen wird.
Und auch da wird die Bewegung weiter fliessen,
unseren leblosen Körper von allen körperlichen Substanzen befreien,
die uns durch unser Leben auf Erden dienten.

Entspannt euch und werdet euch bewusst
wie der Atem nach aussen fliesst.
Unsere Zentren der Aufmerksamkeit
werden sich dieses Geschehens bewusst.
Spürt, wie der Magen in einer nach hinten-nach unten-Bewegung
zur 'Ebene' der Stütze sinkt, über dem Steissbein,
wo alle Bewegungen ihre Grundstütze finden.
Währed wir entspannt bleiben
und den Magen so tief wie möglich halten,
sollten wir auf das Geschenk des Atems warten,
den Magen sich nicht heben lassen,
noch nach Atem greifen.

Ihr habt nicht bemerkt, dass nach dem Ausatmen
die äusseren Ränder des Zwerchfell angefangen haben,
die Organe im Becken zu massieren:
Die Milz, die Leber, den Magen und die Eingeweide.
Dies geschieht auf seine eigene, diskrete Weise.
Ihr seid euch gewöhnt und wurdet gelehrt
einen Atemzug zu nehmen.
Dies macht euch Selbst-bewusst,
so nehmt ihr das andere wertvolle Geschenk der Stütze nicht wahr,
die Erde.

Ihr habt dieses Geschenk nicht bewusst angenommen,
und ohne dies können wir nichts erreichen.
Wie können wir diesen enormen Wandel in der Haltung vollziehen,
und uns dessen bewusst werden: 'Tun Nicht-Tun'?
Was ist das Resultat davon, dass wir den Magen unten halten,
wenn wir das Geschenk des Atems erwarten?

Das Zwerchfell, das sich gewohnt ist, den Atem
durch Nase und Mund hereinzuziehen,
hebt sich vielleicht rasch und verursacht ein Gefühl des Erstickens.

Lasst das Zwerchfell aufspringen.
Wartet eine Weile,
und lasst uns versuchen, genau zu verstehen,
was das Zwerchfell zum Springen brachte
und dazu, plötzlich seine Massagebewegung zu verweigern,
das 'natürliches' Lungenatmen, ohne unser Zutun, ermöglicht.
Diese Bewegung ist so sanft,
dass wir uns nicht einmal des Geschenks des Atems bewusst sind.

Eine einfache Bewegung wird und muss stattfinden.
Die frei schwebenden Rippen werden sich senken,
auf die Rückseite unserer Hüftknochen zu.
So kann der süsse Atem von Prana
unser Wesen durchfliessen.

Die Koordination des Prana-Atmens

Im Zentrum der körperlichen Ebene der Stütze über dem Steissbein,
in dem alle Bewegungen ihre Stütze finden,
auch die Bewegungen des Lungen- und Hautatmens,
liegt das Gravitationszentrum, das Zentrum des Schwerpunktes.

Im Zentrum dieser 'Ebene'
trägt die Bewegung von Ausstrahlung-Konzentration
der Unendlichen Essenz,
die allen Bewegungen innewohnt,
unsere Bewegungen in diesem schöpferischen Atem,
dem Prana-Atem.
Prana-Atmen strahlt direkt durch unsere ganze Form in den Raum hinaus,
durch alle Substanzen unseres Körpers.
Die Grundfunktion des Schwerpunkt-Zentrums
schafft in uns Ausstrahlung und dynamische Schwingungen,
sie macht, dass unsere Haltungen und
unser Gesichtsausdruck stets beweglichen Ausdruck tragen.

Wenn wir versuchen, diese 'Grundebene' der Stütze,
der wichtigsten der dreiunddreissig Stützen in unserem Rücken
sich in den Zentren der Aufmerksamkeit spiegeln zu lassen,
werden wir nicht nur in unserem Bewusstsein
das Verständnis wecken, wo sie sich in unserem Körper befindet,
sondern wir werden uns auch ihrer Funktion
des Konzentrieren-Ausstrahlens bewusst.
Ihr schöpferischer Atem wird jeden Partikel unseres Körpers beleben,
auf dem Fluss der inneren Zeit.
So wird das Bewusstsein von Rhythmus in uns geboren.

Strecken und Gähnen

Ganz am Anfang unserer Selbst-Wiedererziehung
sollten wir unsere Aufmerksamkeit öffnen
auf die natürlichen Bewegung des Streckens zu.
So folgt bitte und fühlt die Empfindung
dieser Bewegung.

Die Streckbewegung fängt an
aus dem Zentrum des Schwerpunktes.
Sie fängt gerade vor dem grossen Wirbel an
zu unterst in der Wirbelsäule,
von wo das Steissbein nach unten zeigt.

Wenn ihr am Morgen zu einem neuen Tag erwacht,
bleibt ein wenig länger im Bett und liegt auf dem Rücken.
Dann bringt das Strecken hervor, fühlt,
wie euer Kreuzbein anfängt, gegen unten zu drücken,
in die Matratze hinein.
Und wie sich all eure quer liegenden Bauchmuskeln strecken,
seitwärts, nach links und rechts.
Der vordere Teil des Beckens wird flach.

Strecken ist eine gähnende Bewegung
im Becken;
sie verbreitet sich wie die Gähnbewegung in der Kehle
zu allen Seiten hin.

Aus der Mitte des unteren Beckenrandes
streckt sie sich hinter den Hälsen und Köpfen
eurer Oberschenkelknochen.

Und dann geht die Bewegung nach unten,
erreicht die Aussenseiten der Füsse,
und berührt die Erde;
sie findet da die bemerkenswert kleinen Stützen
für das Gewicht des ganzen Körpers.

Die Streckbewegung führt auch nach oben
von hinter den Hälsen und Köpfen eurer Oberschenkelknochen
durch beide Seiten eures Körpers,
und streckt die Arme aus den Achselhöhlen.
Jedes Mal, wenn die unwillkürliche Bewegung
des Streckens und Gähnens - ihr könnt es manchmal hervorholen -
euch dazu drängt, euch hineinzugeben und zu entspannen,
öffnet eure Aufmerksamkeit,
und erlebt diese Bewegungen intensiv.
Überprüft, wie sie sich durch euren ganzen Körper ausbreitet.
Diese natürlichen Bewegungen sind dazu bestimmt,
sich durch den ganzen Körper auszubreiten,
sie unterstützen die Bewegung der Erneuerung.
Dass ihr spüren und durch das Fühlen wissen könnt,
wie die erneuernden Bewegungen des Lebens euch
in jedem Augenblick neu schaffen
und die körperlichen Substanzen
erneuern.

Auf diesen grundlegenden natürlichen Bewegungen
haben wir unsere Lehre aufgebaut.

Wenn ihr diese Übung ausführt, wann immer ihr könnt,
fühlt und helft euren vier Gliedmassen,
sich aus ihren Gelenkpfannen heraus zu strecken.
Gebt immer eure volle Aufmerksamkeit,
wenn ihr euch streckt und gähnt.
Und *spürt* und *fühlt* diese natürliche Bewegung.
Es ist die Natur, die euch lehrt.
Und lasst uns hoffen, dass ihr lernen werdet,
auf diese natürliche Weise,
wie ihr strukturiert seid
und wie eure Form funktioniert.

Wenn wir uns daran gewöhnt haben,
die Bewegung des Streckens
durch den ganzen Körper hindurch zu fühlen,
sollten wir diese Bewegung erleben
und ihr Werk tun lassen.
Wir müssen unsere Aufmerksamkeit offen halten
und zu verstehen beginnen im Gefühl,
wie sie wirkt.
Ihr müsst immer von eurer Aufmerksamkeit her fragen,
die Streckbewegung nicht selber durchführen,
sondern die Bewegung geschehen lassen.
Haltet euch vor jeder Neigung zurück,
eure Tatkraft zu vergeuden,
um die Bewegung auszuführen.

Dies zu lernen ist wichtig.
Vielleicht das Wichtigste.

Hört auf, geschäftig zu sein,
gierig im Ausforschen,
um eure Handlungen zu kontrollieren.
Erforschen bedeutet, die Zentren der Aufmerksamkeit zu öffnen,
nachzufolgen und zu fühlen
was sich im Inneren eures Körpers tut.

Nun wollen wir dies anwenden.
Wir werden entdecken, dass wir manchmal gähnen,
ohne uns zu strecken.
Die Gähnbewegung findet von selber statt.
Dies hat eine sehr wichtige Konsequenz.

Während dem Gähnen öffnet sich die Kehle weit.
Ihr könnt die befreiende Bewegung nach links und rechts fühlen,
innerhalb der Kehle,
sie findet eine feste Stütze an der Kehlwand
hinter dem Mund.

Während wir gähnen, sollten wir spüren und fühlen,
wo genau sich die Rückwand unserer Kehle befindet,
hinter dem Mund und dem Halszäpfchen.
Da sollten wir ein sehr intensives
und immer gegenwärtiges Bewusstsein
dieser Stütze unserer Stimme schaffen,
auf der der klangliche Wert in der Kehle
seine Richtung ändert und in den Mund fliesst;
er hilft uns, die Konsonanten zu schaffen, die wir brauchen,

um unsere inneren Gefühle in Worte zu kleiden,
bevor diese Worte über unsere Lippen kommen,
den äusseren Toren unseres Mundes.
Weil, wann immer ihr euch entscheiden solltet,
eure emotionellen Reaktionen meistern zu wollen,
werdet ihr dann durch diese Bewegung in der Lage sein,
Gemüt, Seele und Körper zu schützen
vor Schäden, die emotionelle Störungen verursachen.
Weil tiefer im Inneren wird die Bewegung des Gähnens
die inneren Organe, den Magen und das Herz
zum Sinken veranlassen.
Das Zwerchfell und die Eingeweide werden sich zurückziehen,
nach unten in Richtung der Wirbelsäule,
auf der Rückseite des Körpers.

Versucht, diese Bewegung des sich rückwärts Zurückziehens
bewusst zu erleben, während sich die Organe senken,
und öffnet eure Aufmerksamkeit,
folgt und spürt diese Richtungen.
Emotionen heben plötzlich,
manchmal mit enormem Schwung,
die Eingeweide und den Magen,
das Zwerchfell und das Herz,
sausen durch die Kehle, die sich zusammenzieht
und steigen ins Hirn,
sie schaffen da einen Wirbel von Gedankenfragmenten.

Dies geschieht, weil wir erzogen wurden,
den Intellekt anzurufen,
uns zu helfen,
einem fixen Code
von Reaktion und Verhalten entsprechend.
Ihr ruft den *Intellekt* an,
er soll euch sagen, *wie* ihr reagieren sollt.

Diese Form der Reaktion
wird der Anfang eines endlosen Unfriedens sein,
eines Durcheinanders und Verstricktseins.
Wenn ihr euch wieder-erzogen habt
und die Organe unten und hinten hält,
aus den Zentren der Aufmerksamkeit
in den unteren Rändern der Schädelbasis,
geht ihr der Wirbelsäule entlang
auf der Rückseite eures Körpers,
nach unten,
da werdet ihr in eurem Rücken
die Stütze dafür finden, was immer ihr erfüllen müsst
im vorliegenden emotionellen Dilemma.

Wenn ihr gähnt, zuerst weit, dann tief

Wenn Ihr gähnt, zuerst weit, dann tief,
werdet ihr spüren, dass ihr ein Kinn habt,
es ist die Wiege für eure Zunge,
es bietet der Zunge ein Bett, in dem sie ruhen
und sich entspannen kann.
Dann werdet ihr die Stütze für eine eurer wichtigsten Aufgaben finden,
Konsonanten zu bilden, die sich an der Rückwand der Kehle
mit den Vokalen verbinden.
Diese Bewegung wird auf dem ausgehenden Atem getragen,
unbehindert unter dem Gaumen durch den Mund
in Richtung und in den äusseren Raum hinaus.

Wenn die Zunge in der Wiege des Mundes auf ihrem Rücken liegt,
findet sie dann eine feste Stütze
für den breiten vorderen Teil des Muskels,
der sich gegen die unteren Zähne hebt.
Dann, aus dieser Stütze heraus,
beginnt der mittlere, sehr entspannte Teil des Muskels,
der in der Tiefe der Wiege ruht,
gegen die oberen Zähne zu spielen
und bringt unterschiedliche Konsonanten hervor.
Sie prallen gegen die Rückwand der Kehle,
verbinden sich mit den Vokalen auf ihrem Weg in den äusseren Raum,
knüpfen Worte und Sätze auf dem Fluss der Zeit,
und enthüllen in einem inneren dynamischen Rhythmus
die Bedeutung des tiefsten Ausdruckslebens der Worte.

Nochmals strecken

Lasst uns nochmals das Strecken üben.
Ich komme selber oft auf diese Bewegung zurück.
Sie verbindet uns direkt mit den inneren Lehren,
die allen lebenden Wesen geschenkt wird.
Es ist die Grundbewegung, die Natur und Leben in uns schafft,
und wir sollten unsere Aufmerksamkeit spüren lassen,
dass sie uns geschenkt wird.

Diese Übung auszuführen
beansprucht nicht viel von eurer Zeit.
Wenn wir am Morgen erwachen
bleiben wir einfach ein paar Augenblicke länger im Bett.
Wenn wir auf unserem Rücken liegen,
können wir dann ganz träge das Strecken auslösen.

Doch müssen wir sehr aufmerksam sein,
wie diese Streckbewegung beginnt;
aus dem Zentrum des Schwerpunktes
tief im Becken
gerade vor dem letzten grossen Wirbel
am unteren Rand der Wirbelsäule,
wo das Steissbein beginnt.

Dann werden wir spüren, wie das Kreuzbein
in die Matratze zurück gedrückt wird.
Wie zur gleichen Zeit ein starker Schubs
aus diesem gleichen Zentrum links und rechts kommt
und an der Rückseite der Oberschenkelköpfe vorbeifliesst.

Von da fliesst die Bewegung
durch unsere Beine nach unten
in die Füsse.
Gleichzeitig fliesst die Bewegung nach oben und streckt sich
den beiden Seiten des Körpers entlang,
und schubst die Arme aus ihren Achselhöhlen.

Weiter oben im Nacken
und in der Kehle
spüren wir, wie die Bewegung
gegen die Rückwand unserer offenen Kehle
wieder mit grosser Kraft einsetzt
und uns zum Gähnen bringt.
Von dieser Rückwand in der Kehle
steigt sie durch den ganzen Kopf hinauf.
Wir können die Wurzeln unserer Haare spüren,
und wie das Haar auf unserem Schädelknochen zu wachsen beginnt.

Das Gefühl des Gähnens in der Kehle
kann uns zur Erkenntnis bringen,
dass wenn wir uns zu strecken beginnen,
tief unten im Becken,
wir so empfinden,
wie wenn wir aus dem Zentrum des Schwerpunktes heraus
gähnen würden,
und wie wenn diese Gähnbewegung
sich durch unseren ganzen Körper ausbreitete.

Wir sollten uns von diesem Gefühl der Streckbewegung
ganz tief beeindrucken lassen.
Wir sollten intensiv wachsein gegenüber diesem Gefühl.
Wir können dann erkennen,
wie wir gewachsen sind
in einer ähnlichen Bewegung,
(die genau dem gleichen Weg durch unseren Körper gefolgt ist)
während so vielen Jahren
vom Baby, bis wir Erwachsene wurden.

Da diese Bewegung aus dem Zentrum
den Körper auf alle Seiten hin öffnet,
macht es uns bewusst,
dass wir vollkommen empfänglich sind.
Wir werden diese Empfänglichkeit *fühlen*,
sie hält all unsere Funktionen
frei von Verkrampfung,
und völlig fähig, natürlich zu funktionieren,
frei, leicht. So werden wir gesund bleiben
im Körper, im Gemüt und im Wesen.

Die kleine Stadt

Wir lehren euch mithilfe eurer schöpferischen Vorstellungskraft
über das Nervensystem und die Knochen und Muskeln
auf der Rückseite eures Körpers.
Wir schaffen die Aufmerksamkeit und das Gefühl,
dass diese Teile eures Körpers
Plätze, Strassen und Gässchen
einer kleinen Stadt sind.

Wir steigen in diese kleine Stadt hinab
unter dem Rand des Schädelknochens
auf dem Gässchen im Nacken,
und steigen so die ganze Länge der Wirbelsäule hinunter.
Gleichzeitig, auch nach unten gerichtet,
in den zwei Paaren von angrenzenden kleinen Gassen
der motorischen Zentren und den Zentren der Aufmerksamkeit.
Diese beiden Paare, zusammen mit der Gasse der Wirbelsäule
formen einen Pfad von fünf graden Linien,
die zum Steissbein hinunterführen,
wo in der Mitte des Steissbeines,
ganz am unteren Ende
unser Zentrum des Schwerpunktes liegt,
das Zentrum des Gleichgewichts unserer Form,
unseres Körpers, unseres Gemütes und unserer Seele.

Diese fünf Linien offenbaren sich
in den Substanzen unseres Rückens,
und machen in Raumbewegungen
die Gegenwart des Schöpfers fühlbar,
in allen Substanzen des Körpers.

Diese Raumbewegungen fliessen durch die Innenseiten
der Schulterblätter, gerade bei der Wirbelsäule.
Die Schulterblätter sind zwei Plätze in der kleinen Stadt.

Von diesen Plätzen führen zwei Gassen
durch die Sehnen auf der Rückseite der Armhöhlen
und durch die Trizeps-Muskeln in den Oberarmen,
hinunter zu den Ellbogengelenken.
Dann durch die Arme
unterhalb der Handgelenke,
den äusseren Rändern der Schalen unserer Hände
und den gespreizten Fingern entlang
in den äusseren Raum.

Von diesen Plätzen der Schulterblätter
führen zwei Paar Strassen hinunter,
den Aussenrändern unseres Körpers entlang,
sie verbinden die Plätze der Schulterblätter
mit zwei Plätzen tief unten im Becken,
hinter den Hälsen und Köpfen der Oberschenkelknochen.
Dann führen sie geradewegs hinunter
in zwei Gassen, die aus der kleinen Stadt hinausführen,
hinunter zur einzigen äusseren Stütze,
der Erde,
durch die Aussenseiten der Sohlen unserer Füsse,
die die Erde berühren.

Bewegung der Glieder I

Die Aktivität des Menschen findet sein ganzes Leben lang,
von der Wiege bis zum Grab,
ihren Ausdruck in Bewegungen,
sie tragen ihn
von einem Ort zum anderen.

Er bewegt sich entsprechend seinen Wünschen,
tätig zu sein,
hier oder da.

Wenn er geht, müssen seine Beine ihn tragen.
Wenn er arbeitet, müssen seine Arme die Taten ausführen.

Es ist daher offensichtlich,
dass der Mensch lernen sollte,
die Bewegungen seiner Glieder zu meistern,
so dass er lernt,
die Struktur und das Funktionieren
von Beinen und Armen zu kennen.

Die meisten Leute gehen herum
mit enthaupteten Beinen und Armen.

Sie wissen,
dass der Oberarmknochen einen Kopf hat
zuoberst am Knochen.
Der Kopf des Armknochens
gehört zum Arm.

Der Kopf ist grösser als der Körper des Knochens,
so passt er in eine Höhlung,
eine Pfanne im Innern des Brustkorbes.

Der Kopf des Armknochens
innerhalb dieser Höhlung
unter den Schultern
bildet ein Gelenk.
Arm-Bewegungen beginnen innerhalb dieser Pfannen
hinter den Köpfen der Armknochen.

Diese Bewegungen nutzen ihre Stütze
innerhalb dieser Höhlungen,
auf der Rückseite der Köpfe der Armknochen
gegen die Schulterblätter.
Die Arm-Bewegung beginnt immer
aus den Pfannen heraus,
und dann nach unten
der ganze Länge des Arms entlang,
durch Ellbogen, Handgelenke und Finger.

Alle Bewegungen beginnen auf einer Stütze.
Während wir uns bewegen,
sollten wir uns dieser Stütze
immer bewusst sein.
Von diesen Stützen aus können wir
die *Richtung* der Bewegungen fühlen.

Der Wert des Ausdrucks in der Bewegung
wird nur fühlbar
durch das *Bewusstsein* der Bewegung.

Dieses Bewusstsein können wir nur erfahren
von der Stütze her, aus der eine Bewegung beginnt.
Nur dann können wir dieses Bewusstsein
und das Gefühl für die Richtung haben.

Bevor wir diese Übung
für die Beine und Arme ausführen,
ist es sehr nützlich,
die vorhergehende Streckübung auszuführen.
Sich strecken ist
ein innerer natürlicher Impuls,
er schubst die Köpfe der Oberschenkel- und Armknochen
aus ihren Pfannen heraus.

Die Köpfe der Oberschenkelknochen sind anders angeordnet,
nicht wie die Köpfe unserer Oberarmknochen.

Vor den Höhlen des Beckens
treten die Hälse und Köpfe unserer Oberschenkel
in diese Pfannen ein,
von links und rechts,
sie tauchen tief in diese Höhlen ein.
Doch die Köpfe der Oberschenkelknochen
gehören zu unseren Beinen.

Hinter diesen Köpfen
beginnt unsere Vorwärtsbewegung im Gehen;
sie findet ihre Stütze
gegen das Kreuzbein und die Sitzknochen im Becken.

Wenn wir gehen,
bewegen sich unsere Beine abwechselnd
links und rechts,
in einer schaukelnden Bewegung
auf einem inneren Rhythmus;
wenn wir diesen spüren und annehmen,
schafft er ein wunderbares Bewusstsein,
dass wir durch den Raum getragen werden,
wie auf Flügeln.

Vergesst nicht, dass alle Armbewegungen
von den Beinen
getragen und unterstützt werden.
Und so bewegen sie sich im gleichen Rhythmus,
in wunderbarer Koordination
mit den Bewegungen der Beine.

Wenn wir dies spüren und in uns aufnehmen,
erweckt das tiefe Bewusstsein der Bewegung,
das in unserer Form gegenwärtig ist,
im ganzen Körper
eine tänzerische Eigenschaft.

Wie glücklich könnten wir sein,
wenn dies verstanden würde
und gelehrt,
so wie bei den alten Griechen.
Manchmal sagen wir stolz
dass wir unsere Kultur
auf ihrer Zivilisation aufgebaut haben.
Wenn es doch nur so wäre!

Und doch ist sie offen für alle Menschen
im Osten und Westen,
das Lernen, unsere Gliedmassen zu meistern.
Wir müssen nur hören
im Innern, unserem inneren Raum,
diesen inneren Rhythmus
zu entdecken und zu fühlen,
wann immer wir gehen.

Bewegung der Glieder II

Was geschieht, wenn wir uns
mit enthaupteten Gliedern bewegen,
und das Bewusstsein von Richtung verlieren?
Was geschieht zum Beispiel in den Armen,
und unter den Schultern?

Die Schultern werden das Gewicht der Arme anheben,
es eine Weile in der Schwebe halten;
dann lassen sie es fallen.
Die Bewegungen der Arme werden mechanisiert.

Alles, was wir ausdrücken wollen,
wird unschöpferisch sein.
Es wird ausgeführt
durch *willentliches* Anheben.

Bei den Beinen wird es das gleiche Problem sein.
Wir werden aus unseren Hüften heraus gehen,
den geraden Teil unserer Oberschenkel anheben,
und wir verlieren so das Bewusstsein
des natürlichen Gehens
und des natürlichen Rhythmus,
wenn wir gehen.

In all unseren Gelenken
lebt das Fliessen und das Spiel
des Raum-Atmens.

Dies ist im Westen weder bekannt,
noch wird es verstanden, noch geübt.
Weil wir dies nicht wissen,
weil wir Bewegungen nicht *fühlen*,
verursacht unser Nicht-Wissen,
dass unsere Bewegungen mechanisch sind.

'Weshalb muss ich den Rücken gerade halten?'

Wie der Saft in den Bäumen,
in der zarten Zeit des ersten Frühlings,
im Stamm und in den Ästen der Bäume aufsteigt,
und einen wunderbar farbigen Hauch von Gold und Purpur schafft
im Netzwerk der Äste,
so steigt auch eine Bewegung auf
im Inneren des Rückenmarks,
längs der Ranken der Nerven, die ganze Länge nach oben.

Und mit dieser Bewegung,
steigen in deinem Rücken
deine Wünsche und Ideen,
Absichten, Intuitionen
und Erinnerungen hinauf
und werden zum Hirn getragen;
da bleiben all die wunderbaren Fähigkeiten
offen für schöpferische Gedanken und Bilder;
sie werden es dir möglich machen,
all deinen Mitmenschen das auszudrücken,
was du dir wünschst oder wissen musst.
Alles, was in deinem tiefsten Bewusstsein lebt
kann aus dem inneren Raum
in den Raum um dich herum aufsteigen.

*Raden Ayou Jodjana schrieb dieses Gedicht für ihr Patenkind,
Roberto, elf Jahre alt, als Antwort auf seine Frage:
'Weshalb muss ich den Rücken gerade halten?'*

Eine neue Serie von Übungen:
Ausbreiten

Lasst uns von jetzt an eine Reihe von Übungen komponieren,
von denen ihr jeden Tag auswählen
und euch nach und nach ein neues Bewusstsein
eures lebendigen Körpers schaffen könnt,
das euch von allem unnötigen Zwang befreit.
Es wird in euch Schönheit und Anziehung schaffen.

Da ist die Bewegung des Ausbreitens.
Die Natur hilft euch dabei.
Ihr wisst, dass die Natur in euch das Bedürfnis
nach Strecken und Gähnen weckt.
Ihr müsst nur eure Aufmerksamkeit öffnen,
jedes Mal, wenn ihr euch streckt und gähnt.
Ihr könnt sogar, wenn ihr möchtet, diese Bewegung hervorbringen.
Dann werdet ihr zum Beispiel entdecken,
dass Schwimmen, Rudern und viele andere Beschäftigungen
diese gleiche Grundübung des Streckens und Gähnens erfordern.

Um dies für euch leicht zu machen,
ohne dass ihr selber viel dazu tun müsst,
werden wir euch eine weitere Reihe von Übungen vorschlagen.

Den Rücken anlehnen

Legt euch hin
und nehmt die Stütze des Rückens an.

Lasst eure Aufmerksamkeit sich nach unten öffnen.
Dies wird im Inneren eures ausgebreiteten Körpers
ein Gefühl dafür wecken,
wie ihr das Bett berührt.

Spürt, dass das Bett da ist,
unter eurem Rücken.
Dann öffnete eure Aufmerksamkeit
noch weiter nach unten.
Lasst sie den Boden aufnehmen,
der das Bett stützt,
spürt intensiv der Richtung nach unten nach.
Noch weiter nach unten,
nehmt die Gegenwart der Erde auf, fühlt sie.

Ihr wisst dass die Erde im Raum schwebt,
sie trägt euch und das Bett.
Noch weiter unten sind da Himmel und Sterne.

Wenn ihr also aufsteht
und auf der Erde geht,
spürt und wisst, dass unter euch,
unter der Erde, auf der ihr geht,
Sterne und Himmel sind.

Einsinken

Ihr sinkt in euch hinein,
um die Quelle des Lebens zu erreichen,
um da der *Gegenwart* zu begegnen.
Die *Gegenwart* erschafft euch
immer wieder neu
in jedem Augenblick.

Noch tiefer, spürt und kennt die Erde,
und erzählt ihr mit euren Füssen
von euch.

Dann werdet ihr lernen zu tanzen,
und mit eurem ganzen Körper auszudrücken
was ihr fühlt, und wer ihr seid.

Und die Erde,
sie wird antworten.
sie wird euch
wundervolle Dinge erzählen
von ihrer Liebe
für all die Geschöpfe,
die sie trägt und nährt.

So taucht tief ein!

Eine einfache Grundübung:
Ausbreiten, Anlehnen, Einsinken

Eine einfache Grundübung, um innere Bewegung meistern zu lernen,
ist auf dem Motto aufgebaut: Ausbreiten, Anlehnen, Einsinken;
sie wird sich umsetzen zu sichtbarem Ausdruck in der Bewegung.

Legt euch in euer Bett.
Lasst euren Rücken in die Matratze sinken.
Lasst euren Kopf im Kissen ruhen.
Breitet euch langsam aus in eurem Kopf und Gesicht.

Breitet die Arme aus, aus ihren Pfannen heraus.
Lasst sie ganz entspannen.
Breitet auch eure Beine aus, aus ihren Pfannen heraus.
Lasst eure Füsse durch ihr Gewicht nach aussen fallen.

Stellt euch vor, dass auf beiden Seiten eures Bettes ein Freund sitzt.
Der Freund zur Rechten sitzt auf dem Boden.
Der Freund zur Linken sitzt auf auf einem Stuhl und liest.

Öffnet langsam eure Aufmerksamkeit aus ihrem Zentrum heraus,
zum Freund hin, der auf dem Boden sitzt,
rechts von eurem Bett.
Dann wird eure Aufmerksamkeit euren Kopf
langsam nach rechts auf dem Kissen drehen.
Das Gewicht eures Körpers wird sich dann auch
aus eurem Rücken heraus nach rechts drehen.

Euer rechter Arm und eure Hand können sich auf dem Leintuch
in der gleichen Richtung bewegen und
eure Verbindung intensivieren
mit dem Freund, der auf dem Boden sitzt.

Sagt diesem Freund sanft, dass ihr für einen Augenblick
mit dem Freund sprechen werdet,
der links von eurem Bett auf dem Stuhl sitzt.
Wenn ihr diese Worte zu eurem Freund zur Rechten sagt,
trennt ihr eure Aufmerksamkeit nicht ab von diesem Freund.
Ihr öffnet nur, aus der Stütze heraus, auf der rechten Seite,
in eurem Hinterkopf,
das Zentrum der Aufmerksamkeit auf der linken Seite.
Das Öffnen der Aufmerksamkeit nach links wird
euren Kopf langsam nach links drehen,
ohne euch vom Freund auf der Rechten zu trennen.
Die ganze rechte Seite des Körpers bleibt nach rechts gerichtet.
Doch das Gewicht im Inneren eures Körpers von der Wirbelsäule an
wird sich langsam von rechts nach links verschieben.
All diese Bewegungen sind ganz leicht,
und ausgelöst nur durch dieses langsame Verschieben
eurer Aufmerksamkeit von rechts nach links
in eurem vollkommen entspannten Körper.
Ihr liegt immer noch rücklings im Bett;
das Gewicht breitet sich aus
über die ganze Länge eures Körpers von Kopf bis zu den Zehen.

So könnt ihr in Kontakt bleiben
mit euren beiden Freunden.

Ihr könnt ohne Anstrengung mit ihnen austauschen
mit subtilen, sanften, leichten Bewegungen
von rechts nach links, und von links nach rechts.

P.S. Das Prinzip dieser Übung
kann umgesetzt werden in alle Haltungen,
im Sitzen, im Stehen angewandt werden,
und im Gehen.

Das Motto:
Ausbreiten, Anlehnen, Einsinken

Das Motto 'Ausbreiten, Anlehnen, Einsinken'
stellt drei Verben, drei Bewegungen dar.
Diese Verben und Bewegungen sind verbunden
mit den drei Dimensionen unserer Form.

Wir haben bereits gelernt,
viele Übungen auszuführen.
Wir kennen das Gefühl,
was es bedeutet, sich in gegensätzliche Richtungen auszubreiten,
nach links und rechts.
Wir haben auch gelernt, anzulehnen,
und Stützen zu finden für Vorwärtsbewegungen
auf der Rückseite des Körpers.
Und wir gaben unsere Aufmerksamkeit,
suchten nach Stütze
für unseren Oberkörper
in der Richtung nach unten.
Wir liessen das Gewicht sinken,
Richtung Erde,
indem wir zuerst das Gewicht ausbreiteten
im Rücken, tief unten in unserem Becken.
Dann liessen wir das Gewicht weiter nach unten gehen
den Aussenseiten unserer Beine und Füsse entlang.

Die drei Dimensionen unserer Form
sind nicht die wirklichen Masse unseres Körpers.

Sie sind die drei Grundproportionen des Lebens in unserer Form.
Diese drei Dimensionen sind der Grundausdruck unseres Wesens
und geben uns die Möglichkeit von endlosen Variationen
von Bewegungen in unserem inneren Raum
und im äusseren Raum um uns herum.

Aufmerksamkeit I

Aufmerksamkeit schenken.
Es ist der einfachste und reinste
Akt der Liebe.
Die Grösse, die Freude, die entzückte Ergriffenheit
und die Schönheit aller Liebe,
hängt von der intensiven Aufnahmebereitschaft
unserer Aufmerksamkeit ab.

So öffnet den ganzen Körper weit.
Empfangt die hereinkommende Flut des Raums.
Öffnet den Körper aus seinem Zentrum heraus.
So dass euer ganzes Wesen
all das aufnehmen kann,
was ihr fühlen und wissen möchtet,
mit dem vollen und stillen Verständnis
der Liebe.

Werdet vollständig empfänglich.

Liebe manifestiert sich nicht in emotionalem Aufruhr
im Körper und im Gemüt.
Liebe ist nicht sentimental.
Ihr Ausdruck ist eine natürliche Antwort aus dem Inneren,
und sie kann nur dann lebendig werden,
wenn ihr zulässt, dass Eindrücke,
die durch die Tore eurer Sinne hereinkommen,
von eurer Aufmerksamkeit willkommen geheissen werden
in der Tiefe der Schale eures Schädelknochens.

Lasst diese Eindrücke tief in euren Körper hinein sinken
bis zum Ende eurer Wirbelsäule.
Bis in die Tiefe eures Kreuzbeines,
wo das Hereinfliessen der Eindrücke
eine innere Erfahrung auslöst,
die die Essenz eures Lebens anrühren wird.

Die Essenz beginnt sich dann zu bewegen,
ihr werdet in der Tiefe eures Wesens bewegt werden.

Wenn ihr nicht bewegt seid,
wie könnt ihr dann andere mit eurem Ausdruck bewegen?

Nur wenn ihr das natürliche Verdauen
der seelischen Nahrung möglich macht,
das von den Sinnen aufgenommen wird,
wird da keine Belastung oder Stress sein;
es wird sich natürlich ausdrücken,
was euch bewegt und was ihr fühlt.

Spontaner Ausdruck wird der Wirbelsäule entlang aufsteigen,
auf die Zentren der Aufmerksamkeit zu.
Dann breitet euch aus und erweckt all die intellektuellen Fähigkeiten,
die sich auf wunderbar schöpferische Weise
beteiligen werden im Ausdruck
in Taten, in Worten,
sie werden mit reiner expressiver Essenz schwingen.

So lasst zu, dass die Eindrücke
das Zentrum eures Wesens erreichen können.

Aufmerksamkeit II

Nun lasst uns versuchen zu verstehen,
was unter unserem Schädel vor sich geht;
und wie die Fähigkeiten des Intellekts
zusammen wirken sollten.

Wir nutzen unsere intellektuellen Fähigkeiten meistens
ohne Unterscheidung.
Alle haben ihre Wohnstatt
unter dem Cortex, der Hirnrinde,
im Mantelfutter des Schädels.
Sie arbeiten in vertrauter Beziehung zusammen,
obwohl jede von ihnen
ihrer eigenen Struktur entsprechend wirkt.

Aufmerksamkeit ist die Grundfähigkeit des Intellekts
die wir beachten und sie zu erziehen beginnen müssen.
Aufmerksamkeit ist empfänglich und nimmt all das auf,
was durch die Tore unserer Sinne hereinkommt.

Wenn wir geboren werden und in das Leben treten, hier auf dieser Welt,
denken wir noch nicht und schaffen keine Bilder.
Diese beiden Fähigkeiten des Intellekt liegen im Schlaf
unter dem Schädel des Kleinkindes.

Doch unsere Aufmerksamkeit ist hellwach
und mit dem unteren Teil
unseres Hirns verbunden,

das instinktiv arbeitet,
wie das Hirn der Tiere;
es treibt das Kleinkind voran,
Wärme und Nahrung zu suchen.
So leben wir aus den Sinnen von Berührung und Geschmack heraus.

Wir leben so weiter mit diesen Instinkten und Empfindungen
ohne einen Gedanken,
wir wissen es nicht einmal,
festgemacht durch die Liebe zu unserer Mutter.
Da ist das direkte Bewusstsein von Wohlfühlen,
das wir erleben;
fühlen, berühren und schmecken,
Wärme und Nahrung finden.
Der Tastsinn bringt Empfindungen hervor
in Kleinkindern durch Eindrücke.

Nun hört gut hin, versucht zu verstehen
und erinnert euch immer daran:
Berührung ist der erste Sinn.
Wenn wir als Kleinkind in diese Welt kommen,
lernen wir wichtige Grundwahrheiten
durch das direkte Erkennen und das Erinnern in der Bewegung.
Diese Erinnerungen bleiben und leben
in den Substanzen unseres Körpers.

Aufmerksamkeit III

Der sanfte Akt, unsere volle Aufmerksamkeit zu schenken
öffnet unser Gemüt weit in den inneren Raum hinein.
Im Körper nehmen wir eine Bewegung wahr,
die sich nach allen Seiten ausbreitet, mehr Raum im Inneren schafft.
Alles, was Aufmerksamkeit verlangt,
kann hereinkommen und ein sanftes Zuhause finden
in den Zentren unserer Aufmerksamkeit.

Konzentriert eure Aufmerksamkeit nie
auf Dinge oder Personen im äusseren Raum.
Und drängt euch nicht hinein -
indem ihr festhält, was in ihnen anders ist,
und im Unterschied Fehler findet.
Weshalb solltet ihr euch auch einmischen?
Weshalb sollten sie eure fixen Vorstellungen annehmen,
wie ihr zu denken, oder wie ihr zu leben?
Wenn ihr die Eindrücke in die Zentren eurer Aufmerksamkeit
einlässt, dass sie zu eurer Quelle des Lebens sinken können,
werden Einsicht und Wissen zu euch kommen.
Niemand wird je fähig sein zu verstehen, 'was anders ist',
der nicht Aufmerksamkeit schenkt,
diesen einfache, sanfte Akt des Gebens.

Die *Gegenwart* schafft keine zwei gleichen Formen!

Aufmerksamkeit IV

Die meisten Übungen sind dazu da, in euch die Möglichkeit zu schaffen,
in euren Zentren der Aufmerksamkeit, tief in der Schädelbasis,
ihre Fähigkeit zum Öffnen zu entwickeln,
so dass sie Eindrücke empfangen und aufnehmen können.

Eindrücke, die durch die Sinne aus dem äusseren Raum kommen,
berühren die inneren Häute der Sinne,
und fliessen den Nervensträngen entlang,
um zu den Zentren der Aufmerksamkeit zu gelangen.

Gleichzeitig nehmen die Zentren aus dem Inneren Raum
das Bewusstsein der Inneren Erfahrung auf.
Und aus dem Zentrum des Schwerpunktes,
erheben sich Inspiration, Intuition, Absicht und Ideen,
aus der Tiefe unseres Wesens zu diesen Zentren hin.
Diese äusseren und inneren Eindrücke
führen zur *Notwendigkeit* von Ausdruck und Austausch
mit der Welt um uns herum im äusseren Raum,
sie schaffen Bewegungen im Inneren unseres Körpers
in verschiedenen Richtungen, Bewegungen, denen
schöpferische Kraft innewohnt,
das Wirken der reinen Essenz des Raumes bewirkt sie.
Diese Bewegungen erwecken in den Zentren der Aufmerksamkeit
inneres Bewusstsein des Gefühls, und wir beginnen,
die Organe und die Richtungen ihrer Funktionen zu spüren.

So erreichen wir Meisterschaft in unserer Ausdrucksweise,
weil die Schöpferische Essenz
die Bewegungen unseres körperlichen Instruments anregt,
unseres Körpers.

Die Zentren der Aufmerksamkeit I

In diesem Buch erwähnen wir oft
zwei Zentren der Aufmerksamkeit.
Da ist nur *ein Organ*.
Dieses Zentrum hat jedoch
zwei Seiten.

Die eine dieser Seiten gehört
zur linken Seite des Körpers und des Hirns,
sie findet ihre Stütze durch die ganze linke Seite des Körpers
bis hinunter in den Boden unterhalb der linken Ferse.
Die rechte Seite des Zentrums der Aufmerksamkeit
richtet sich nach rechts,
und durch die rechte Seite des Körpers
reicht sie bis zur rechten Ferse
und die Erde unter ihr.

Diese beiden Zentren der Aufmerksamkeit
sind völlig empfänglich.
Sie nehmen alle Sinneseindrücke auf
und leiten sie nach unten,
durch das Nervensystem in unserem Rücken
zum Zentrum des Schwerpunktes.
So schaffen die Zentren der Aufmerksamkeit,
koordiniert mit dem Zentrum des Schwerpunktes,
unser Gleichgewicht,
sie schaffen in uns das Grundgefühl
von Symmetrie.

Die beiden Hälften des Körpers,
vom Scheitel, durch Wirbelsäule und Beine
führen in sich gegenüberliegenden Richtungen
nach unten zur Erde.

Wir sollten jedoch sorgfältig sein,
die beiden Hälften nicht zu trennen,
indem wir sie in verschiedene Richtungen drücken
in der Schädelbasis, auf die Ohrhöhlen zu.

Die beiden Hälften des einen Zentrums *sind da*,
sie erwarten die Klangschwingungen
die zu den Ohrhöhlen hereinkommen,
dass sie eindringen, aufgenommen und weitergeleitet werden
zum Zentrum des Schwerpunktes.

Wir sollten nie die beiden Hälften unseres Zentrums der Aufmerksamkeit
zu den Ohrhöhlen hin schieben.
Wir sollten sorgfältig
die Einheit des Organs beschützen
und die Symmetrie der beiden Hälften spüren.

Wir sollten sorgfältig sein, das Organ nicht zusammenzuziehen,
es würde das Grundgefühl der Symmetrie erschüttern,
und das natürliche Gleichgewicht in unserer Form.
Daher erinnern wir euch oft
an diesen Grundzustand, den wir wiedererziehen sollten,
indem wir die *zwei* Zentren der Aufmerksamkeit erwähnen.

Die Zentren der Aufmerksamkeit II

Das Organ unserer Aufmerksamkeit liegt
im Inneren des Kleinhirns, am Rand des Schädels.
Wie wir euch gesagt haben,
hat es zwei Zentren zur Linken und Rechten des Rückenmarks.
Jede Seite des Körpers hat ihr eigenes Zentrum der Aufmerksamkeit.

Auch die unterschiedlichen Zentren aller muskulären Tätigkeiten,
die uns unzählige Variationen von Bewegungen erlauben,
haben ihren Sitz im Kleinhirn.

So lernt das Kleinkind nach und nach, auf seinen Füssen zu stehen
und dann zu gehen,
ohne dass ihm das Hirn sagt, wie es dies tun soll,
indem es Bewegungsbilder im Gemüt schafft.
Der Körper nimmt die Lernprozesse, diese Bewegungen auszuführen,
langsam und tief auf,
er bewahrt ein direktes Bewusstsein dieser Prozesse
und erinnert sich das ganze Leben hindurch,
wie er diese Bewegungen spontan ausführt,
ohne Befehle oder Kontrolle der Hirnzellen dafür zu benötigen.
Alle Zentren der muskulären Tätigkeiten im Kleinhirn
erlauben dem Körper, sich 'automatisch' zu bewegen,
doch *nicht wie eine Maschine*.
Die Hirnzellen unterhalb des Schädels sind vollkommen entspannt,
sie spiegeln die Bewegungen.
Dann erleben wir das bewusste Gefühl unserer Bewegungen,
und jene um euch herum, die euch dabei zusehen,
werden wahrnehmen können,
wie eure Bewegungen aus ihren Stützen heraus fliessen,
den Nervensträngen entlang in der Richtung ihrer Erfüllung.

Die Zentren der Aufmerksamkeit III

Zuerst müssen wir die vollständige Aufnahmefähigkeit
unserer Zentren der Aufmerksamkeit wieder herstellen.
Wenn ihr Übungen ausführt, fixiert keine Gedankenbilder der Bewegung.
Lasst das Gemüt nicht diese fixen Muster auf den Körper einprägen
und die Bewegungen den Bildern entsprechend befehlen.
Wir müssen in uns den fragenden Zustand schaffen,
bevor wir die Übungen ausführen,
und, während wir sie ausführen, ausatmen.
Führt alle Bewegungen auf dem Ausatmen aus.
Sie müssen immer aus einer Stütze heraus beginnen
und dann den Linien des Nervensystems entlang fliessen.
Fühlt vom Bewusstsein der Stützen aus
den Bewegungen nach, wenn sie den Linien entlangfliessen,
und erweckt das Gefühl und das Bewusstsein der Richtung ihrer Linien.
Fühlt und führt die Bewegungen auf dem Fluss der Zeit aus.
Dies verlangt ein tiefes Verständnis und eine grundlegende Entscheidung:
Unsere schlechten Gewohnheiten zu ändern,
uns mit Willen zu bewegen und unsere Aufmerksamkeit
dafür zu benutzen, Bewegungen zu steuern
und damit ihre Funktionen der Aufnahmefähigkeit zu stören.

Die Konsequenz dieser schlechten Gewohnheit,
Gemütsbilder von Bewegungen zu schaffen und zu fixieren,
und daraus Ziele zu formen, die wir erreichen wollen,
tötet den Wert im Ausdruck der *Richtungen* der Bewegungen;
weil wir schon irgendwo in der Zukunft angekommen sind,
bevor überhaupt eine Bewegung stattgefunden hat.
So werden wir nie die Geburt und die Erfüllung
einer Bewegung in der Zeit ausdrücken.

Wir müssen im Gespür und in der Erkenntnis wach werden,
den schrecklichen Zerfall zu erkennen,
der unser Nervensystem ruiniert,
das Gleichgewicht und den Rhythmus des Lebens zerstört.

Lasst uns die Frage stellen, gibt es ein Rezept,
das diesen zerstörerischen Prozess stoppen wird?
Lasst uns uns selber fragen, ob Gleichgewicht
und innerer Rhythmus wieder hergestellt werden kann?
Die Antwort liegt im Positiven.
Ja, wir können lernen, direkt und natürlich ausdrucksfähig zu werden,
doch der Wunsch muss da sein, dies erreichen zu wollen.
Nichts kann erreicht werden, wenn wir zu schwach sind zu wählen,
uns zu dieser Entscheidung zu bringen,
den einzigen Pfad aufzunehmen, der zur Befreiung führt,
Befreiung von Überlastung, und zu positiven Resultaten.

Wir haben das Gefühl, es wäre gut, wieder aufmerksam zu sein

Wir haben das Gefühl, es wäre gut, wieder aufmerksam zu sein
gegenüber den Strukturen des Kopfes und des Hirns,
und den Funktionen ihrer Organe,
besonders gegenüber den vielen unterschiedlichen,
wichtigen Funktionen in den Hirnzellen.
Zuerst gilt unsere Aufmerksamkeit der Grundfunktion
der Zentren der Aufmerksamkeit, die sich
um den obersten Wirbel der Wirbelsäule ausbreiten.
Zuoberst auf diesem Wirbel liegt die ganz kleine Stütze,
auf der das volle Gewicht des Kopfes ruht;
auf ihr finden alle Kopfbewegungen
und jeder *Gesichtsausdruck* ihre Stütze.

Einige grosse Meister des Ostens
haben die westliche Welt davor gewarnt,
dass falsches Wirken unserer geistigen Fähigkeiten
zu katastrophalen Wirkungen führen werden.
Schon seit langer Zeit verursachten wir tiefe Störungen
in den Fähigkeiten unseres Gemütes.
Sie haben das Gleichgewicht unseres
seelischen und körperlichen Handelns erschüttert.
In der Natur haben wir langsam
Erde, Luft und Wasser zerstört.
Auf diese Weise löschen wir Leben auf diesem Planeten aus.

Lasst uns daher aufmerksam sein und Wissen aufnehmen
über die einfache vollkommene Struktur unserer Form,
ihrer Organe und ihre Funktionen;
und Seele, Gemüt und Körper befreien von der dauernden Spannung,
mit denen wir die schrecklichen sozialen Bedingungen schaffen,
in denen wir leben;
so zerstören wir alles Leben auf diesem Planeten.

Das Hirn bedeckt und umschliesst jene Teile des Nervensystems,
die unter dem Schädeldach liegen, und hinter dem Gesicht
im unteren Teil des Kopfes.
Hinter der Rückwand der Kehle
liegt nur eine dünne Schicht von Hirnzellen.
In der Mitte dieser Schicht befindet sich
das zentrale Organ unserer intellektuellen Fähigkeit zur Aufmerksamkeit.
Seine beiden Seiten liegen unter dem Atlaswirbel,
zuoberst auf der Wirbelsäule.

Ihr wisst dies schon,
doch solltet ihr es fühlen,
und in der Lage sein, euch
in das Organ der Aufmerksamkeit
zurückzuziehen und da zu *bleiben*.
Nur dann könnt ihr
die intensive und intime Beziehung
der Zentren der Aufmerksamkeit
mit dem Zentrum des Schwerpunktes herstellen.

Dieses Gedicht ist keine Wiederholung von Informationen,
es ist eine neue Einführung in Wissen
und die Möglichkeit, dieses Wissen anzuwenden.
Wir bitten euch, in täglicher Arbeit
diese intensive und intime Beziehung zu erarbeiten,
zwischen den Zentren der Aufmerksamkeit
mit dem Zentrum des Schwerpunktes.
Diese Zentren, vollkommen verbunden,
geben euch - gemeinsam - vollkommenes Gleichgewicht
eurer menschlichen Form - der Körper eins
mit allen seelischen und körperlichen Fähigkeiten des Ausdrucks.

Es stellt auch vollkommene Einheit und Gleichgewicht her
zwischen Eindrücken und Ausdrücken.
Eindrücke sind die Nahrung, die ihr braucht, um euch auszudrücken.
Ihr könnt euch nicht ausdrücken in Formen,
die nicht schon in eurem inneren Raum lagern,
im Raum innerhalb eures Körpers im Zentrum des Schwerpunktes.

Seit ihr den ersten Atemzug in dieser Welt getan habt,
begannen Eindrücke in diesen Raum zu kommen,
und sie haben eine enorme Anzahl von Ausdrucksmöglichkeiten
gesammelt, tief unten in eurem Körper,
in eurem Zentrum des Schwerpunktes.
Zuallererst hat die Natur euch durch *Bewegungen* gelehrt.
Erst viel später durch Gedanken und Sprache.

II

Der Prozess des Eindrücke-Sammelns
und der Prozess des Ausdrucks
fliessen durch die Wirbelsäule
und durch das Nervensystem im Rücken.
Dies ist der Grund, dass alle inneren Stützen sich
im Rücken und Nacken des Körpers befinden.
Eindrücke *sinken* und werden
in der Tiefe unseres Körpers gespeichert,
im Zentrum des Schwerpunktes.
Da werden sie zu unserem Ausdrucksmittel.
Ausdrücke *steigen* von da ins Hirn.

Die Hirnzellen oberhalb des unteren Teils unseres Gesichtes
liegen über den Augenbrauen,
und über dem Nervensystem aller Sinne:
über den Nerven der Augen, Ohren, Nase und Mund.

Die Hirnzellen haben Membrane,
die vollkommen entspannt und ohne Runzeln sein sollten.
Diese Membrane können widerspiegeln,
und wie ein reiner, unbefleckter Spiegel,
widerspiegeln sie alles, was ihre feinfühlige Oberfläche berührt.
Sie greifen nie nach etwas oder versuchen es festzuhalten.

All unsere motorischen Fähigkeiten sitzen ebenso hinten im Kopf,
eng verbunden mit den Zentren der Aufmerksamkeit.
Im Bereich dieser Zellen liegen die Anlagen
von Vorstellungskraft, von Gedanken und all den Möglichkeiten,
die uns erlauben, mit der Aussenwelt in Kontakt zu treten.

Lasst uns daher arbeiten und lernen,
das Gefühl für diese feinfühligen Oberflächen zu vertiefen,
dieser Membranen unserer Hirnzellen,
indem wir sie weit und ruhig halten,
während die Empfindungen, die durch die Sinne hereinkommen,
unter diesen Zellen hindurchfliessen
und zum Spiegel des menschlichen Gemütes werden.

Den Körper stimmen I

Wenn wir den Körper stimmen, müssen wir
unserer körperlichen Struktur die volle Empfänglichkeit zurückgeben.
Um mit dieser Wiedererziehung
unseres Instruments des Ausdrucks beginnen zu können,
müssen wir wissen, auf welcher Grundlage und mit welchen Mitteln
wir dieses Resultat erreichen können.

Es ist absolut notwendig, dass wir vorallem damit beginnen,
unsere Fähigkeit zur Aufmerksamkeit zu erziehen und zu entwickeln.
Wir haben uns die schlechte Gewohnheit anerzogen,
wenn wir aufmerksam werden, um Wissen zu sammeln,
innerhalb und ausserhalb von uns selber,
dass wir das Organ der Aufmerksamkeit
in verschiedene Richtungen bewegen.

Die meisten von uns wissen nicht, wo sich
das Organ der Aufmerksamkeit befindet und wie es strukturiert ist.
Deshalb können wir seine Funktionen nicht nutzen und meistern.
Wir stossen und bewegen unsere Aufmerksamkeit umher
und fügen dem Organ so grossen Schaden zu, wir lassen
all die wunderbaren schöpferischen Fähigkeiten im Hirn verstummen.
Wir vereiteln die wunderbar schöpferischen intellektuellen
Fähigkeiten des Gehirns eines Kleinkindes,
und seine natürliche Entwicklung, ein wahrer Mensch zu werden,
der seine menschlichen Eigenschaften vervollkommnet.

Lasst uns versuchen, den nötigen ‚In-struk-tionen' zuzuhören
über dieses wertvolle Geschenk, das uns angeboren ist,
die Fähigkeit ‚Aufmerksamkeit zu schenken'.

Die Beschreibung ist präzis, wenn wir sagen,
wir sollen unsere Aufmerksamkeit öffnen,
weil genau dies ihre wahre Funktion ist.
Wir sollten wissen, wo sie sitzt: tief in der Schädelbasis,
in der Mitte des Schädelknochenrandes,
wo der Kopf seine Stütze auf dem obersten Wirbel findet.
Das Organ der Aufmerksamkeit umhüllt unser Rückenmark
und gehört zur Rückseite unseres Körpers.
Es hat zwei Zentren, das eine oberhalb der linken Körperseite,
das andere Zentrum über der rechten Seite.
Im gleichen hinteren Raum unseres Kopfes liegen
all die motorischen Fähigkeiten unseres Körpers.

Die Funktion des Zentrums der Aufmerksamkeit ist, sich zu öffnen,
Eindrücke zu empfangen, widerzuspiegeln, aufzunehmen,
und all das zu verarbeiten, was durch die Tore unserer Sinne
in unseren inneren Raum hereinkommt,
und ebenso das zu widerspiegeln, was sich im inneren Raum tut.
Durch diese Fähigkeit des Zentrums der Aufmerksamkeit zu spiegeln,
gibt das Organ alles, was es aufnimmt, weiter,
nach unten auf der Rückseite unseres Körpers
zum Zentrum seines Gleichgewichts, dem Zentrum des Schwerpunktes.
All die Eindrücke, die das Zentrum der Aufmerksamkeit empfängt,
reist zum Zentrum des Gleichgewichts hinunter,
an einen Ort tief im Becken,
vor dem Rand des Kreuzbeines.
Beim Hinunterfliessen bewegen sich die Eindrücke durch
die Bauchorgane. Wir nennen es 'Erfahrung', wenn dies geschieht,
weil sie uns bewegen, diese Bauchbewegungen.

Tiefe seelische Eindrücke werden in Bewegung gesetzt.
Sie werden sichtbar in unserer Haltung, unseren Gesichtszügen.
Sie strömen in den äusseren Raum durch unser Ausströmen.
Unsere Fähigkeit zum Ausdruck wird geboren,
sie wird sichtbar im Raum um uns herum.
Sie macht, dass sich unsere Körper bewegen, in Gesten,
in Haltungsänderungen, und in Bewegungen des ganzen Körpers.
All diese Prozesse wirken in unserem inneren Raum,
und werden durch das Wirken des Raums unterstützt und genährt;
dem Wirken der schöpferischen Essenz des Ausdrucks
in all den Substanzen der körperlichen Formen.

Dieses Wirken des Raumes sind Funktionen des Gleichgewichtszentrums,
von da aus fliessen sie nach allen Seiten durch das Nervensystem.
Sie verursachen den Ausdruck in Bewegungen des Körpers,
und in der Intonation unsere klingenden Gesten -
im Lachen, Jubeln, Weinen, Seufzen,
im Ausruf, und im Lied und der Sprache.

Den Körper stimmen II

Wenn wir die vollständige Empfänglichkeit der Funktion
des Organs der Aufmerksamkeit erreicht haben,
werden wir Empfindungen, Gefühle und Erfahrungen
sich selbst ausdrücken lassen gegenüber
der spiegelnden und aufnehmenden Tätigkeit
dieser Zentren der Aufmerksamkeit.

Die Zentren bewegen sich nie.
Sie bleiben da und umhüllen den obersten Wirbel der Wirbelsäule.
Währenddem sie aufnehmen, erwecken sie in uns
Empfindungen, Gefühle und Erfahrungen, die wir erleben.
So erlangen wir Erkenntnis über unsere Form,
über alle Teile des Körpers, seiner Organe und ihre Funktionen,
über die Gesamtheit des Körpers,
und über die Koordination all seiner Teile.

Der ganze Körper wird dann empfänglich werden,
und wir werden in jedem Augenblick wachsam sein.
So werden wir jeden Augenblick mit voller Aufmerksamkeit leben.

Da uns das Leben drängt, uns auszudrücken und uns zu bewegen,
steigen Absichten und Impulse auf
aus dem Lagerhaus der vergangenen Erfahrungen,
und wir wissen unmittelbar, was getan werden muss *in diesem Augenblick*.
Alles, was wir tun und sagen, wird dann stattfinden und sich
in vollkommener Harmonie zeigen.
Wir werden mit allen äusseren Formen verbunden sein,
mit Menschen, Tieren und Pflanzen,
sogar mit allen Werkzeugen und Dingen, die wir berühren.

Bewusstheit des Ausdrucks

Wir können bezeichnen, durch welchen Muskel,
oder im Inneren welchen Knochens
unsere Zentren der Aufmerksamkeit Koordination schaffen
mit all den verschiedenen Teilen des Körpers.
Dies ermöglicht uns, alle Bewegungen dieser Teile zu koordinieren.
Die Zentren können sogar alle Bewegungen
mit unserem Lungen- und Hautatmen koordinieren.
Der nach aussen fliessende Atem unterstützt
all unseren Ausdruck in Bewegung und Klang.

Doch machen wir oft den Fehler, dass wir uns
die Zentren der Aufmerksamkeit als sehr beschäftigt vorstellen,
wenn sie das Gefühl der Stütze wecken,
Bewegungen auslösen und steuern,
sie koordinieren und kontrollieren.
Dies ist nicht so.
Die Zentren der Aufmerksamkeit bleiben an ihrem Ort,
im Inneren des Kleinhirns,
sie umhüllen das Rückenmark.

Die Zentren bewegen sich nie.
Die Funktion des Organs der Aufmerksamkeit
ist vollkommen empfänglich.
Die Zentren in diesem Organ gehen nicht auf die Suche
nach den Teilen unseres Körpers, die Stütze brauchen.
Die Teile, die Stütze brauchen, müssen sie suchen,
und müssen die Zentren der Aufmerksamkeit spüren lassen,
wo sie liegen und wie sie funktionieren.
Auch, in welcher Richtung sie Bewegung unterstützen.

Die Zentren der Aufmerksamkeit sind immer offen
und empfangen Anfragen nach Stütze,
nach Aufnehmen, Verarbeiten und nach dem Schaffen
eines Bewusstseins für Stütze in unserem ganzen Körper.
Daher sollten wir mit unserer Aufmerksamkeit nie
einer Bewegung in ihrer Richtung des Ausdrucks folgen.
Alles, was sich in unseren Bewegungen ausdrückt,
spiegelt die Richtung der Bewegungen
in allen Hirnzellen.
So dass wir, getragen vom Atem des Raums,
aus dem Zentrum des Schwerpunktes,
fühlen können, wie sich der urschöpferische Ausdruck zeigt
in den Richtungen unserer Bewegungen im Raum.

Teil 3

	Seite
Leben	129
Was ist Leben?	130
Bewusstheit des Lebens	131
Es gibt nur drei grundlegende Zustände des Seins	132
Die drei grundlegenden Zustände des Seins I	133
Die drei grundlegenden Zustände des Seins II	134
Die drei grundlegenden Zustände des Seins III	136
Der fragende Zustand I	141
Der fragende Zustand II	143
Der fragende Zustand III	145
Der fragende Zustand IV	147
Stellt keine Fragen!	148

Leben

Das Leben enthüllt sich in den Leben,
so unterschiedlich in der Form, so unendlich in der Anzahl,
und keines gleich, sie kommen, wandeln sich und gehen
auf dem endlosen Fluss der Zeit.

Ausdruck von zeitloser Unendlichkeit
reihen sie die Augenblicke der Ewigkeit auf
in endlicher Form.

Was ist Leben?

Das Leben ist eine Funktion im menschlichen Körper.
Es ist die *Grundfunktion* in unserem Körper.
Das Organ dieser Funktion ist das Gleichgewichtszentrum unserer Form:
das Zentrum des Schwerpunktes.

Aus diesem Zentrum heraus wirkt der Wachstumsprozess im Körper.
Das Kleinkind wird erwachsen.
Und dann wirkt die Funktion weiter,
und arbeitet daran, unser Ausströmen zu erweitern und zu intensivieren,
auf alle Seiten hin, in den äusseren Raum hinaus.
Dabei weitet und intensiviert sie das Wirken
unserer schöpferischen Möglichkeiten im Raum um uns herum.
So dass wir Gemeinschaft schaffen können
mit allen Menschen, die wir antreffen,
und mit den Dingen, die wir berühren.

Dies wird uns ermöglichen, die Entwicklung zu fördern
auf diesem Planeten, und harmonische Gemeinschaften
von Menschen zu bilden, und vollkommenes Gleichgewicht
im Körper der menschlichen Rasse.

Nur in der vollkommen ausgeglichenen Gemeinschaft
der ganzen menschlichen Rasse kann ein Bewusstsein geboren werden,
dem der vollkommenen Empfänglichkeit der menschlichen Körper,
bereit, alle Geschenke zu empfangen und anzunehmen,
und Gleichgewicht und Ordnung zu schaffen
in unserer menschlichen Beziehung mit der Erde.

Bewusstheit des Lebens

Leben bedeutet, in jedem Augenblick
ein Bewusstsein des Lebens zu haben.
Das Leben ist ein Geschenk.
Wir schaffen Leben nicht selber.
Das Leben enthüllt sich in uns
in einer stetigen simultanen Bewegung,
die Essenz des Lebens zu sammeln und auszuströmen.

Lest nochmals die ersten Gedichte in diesem Buch.
'Erinnert euch, dass alle Form nichts als Bewegung ist',
und versucht, diese schöpferische Bewegung des Lebens zu erleben.
Dies wird euch zum Zentrum eures lebendigen Körpers rufen,
aus ihm fliesst schöpferische Essenz,
aus der Quelle des Lebens,
wie das Wasser eines Brunnens.
Es fliesst in alle Richtungen,
durch jeden Teil eures Körpers,
es reinigt, erneuert alle Substanzen,
es trägt den dauernden Fluss der Lebenskraft
durch eure ganze Form
es trägt all eure Bewegungen,
und all euren Ausdruck in Klang und Worten.
So werdet ihr fähig, auszudrücken,
wie Essenz Substanzen erschafft und erneuert.

Es gibt nur drei grundlegende Zustände des Seins

Diese drei grundlegenden Zustände
sind innig verbunden miteinander.
Einer von ihnen ist immer gegenwärtig,
er liegt den anderen zwei Zuständen zugrunde.
Es sind dies -
der Grundlegende, der Natürliche, der Fragende Zustand.

Die drei grundlegenden Zustände des Seins I

Es gibt nur drei grundlegende Zustände des Seins.
Sie formen eine Dreieinigkeit, aus Einem geboren.
Ein grundlegender Zustand ist immer gegenwärtig.
Während die anderen beiden sich
in endloser Vielfalt des Ausdrucks zeigen.

Der grundlegende Zustand
wandelt sich auch in endlosen Schattierungen
des Ausdrucks.
Wir nennen diesen grundlegenden Zustand
den fragenden Zustand.
Weil wir, als Menschen,
lebendig in dieser relativen Welt,
nie wissen können,
was geschehen wird
im nächsten Augenblick.

Die drei grundlegenden Zustände des Seins II

Die Struktur und das Funktionieren unseres Körpers
gründet sich auf der Basis der vollkommenen Empfänglichkeit.
Weil die Ganzheit unserer Form
für ihre seelische und körperliche Existenz
aus ihrem Zentrum heraus offen und empfänglich ist
für die seelische und körperliche Nahrung.

Der ganze Körper ist,
und sollte es immer sein,
im fragenden Zustand,
offen gegenüber dem äusseren Raum
der ihn umgibt.

Nur in diesem empfänglichen Zustand
des ganzen Körpers
können wir wahrnehmen
was zu tun, oder nicht zu tun ist im Augenblick.

In diesem fragenden Zustand zu sein
bedeutet nicht, Fragen zu stellen
an Menschen im Äusseren,
nicht einmal uns selber.
Weil wenn ihr eine Frage stellt,
seid ihr schon beschäftigt
mit einem bestimmten Problem,
erwartet gewisse Möglichkeiten
für seine Lösung.

Dies bedeutet, dass ihr nicht wirklich bereit seid,
nach Innen zu lauschen.

Nach Innen zu lauschen schafft
eine innere Stille
und natürliches Atmen.
Der Körper ist dann offen.
Der Vordere Teil des phrenos, des Zwerchfelles, ist frei.
Ihr spürt die Magengrube.
Die äusseren Ränder des Phrenos bleiben auseinander,
links und rechts.
Die frei schwebenden Rippen sinken, suchen Stütze
auf der Rückseite der Hüftknochen.
Wir können Spannung fühlen im zentralen Muskel,
in jenen Teilen des Muskels,
die an beiden Seiten der unteren seitlichen Rippen befestigt sind.

Der fragende Zustand
hat endlose Schattierungen des Ausdrucks.
Wir können erwartungsvoll sein, oder uns wundern,
wachsam oder verständnislos,
empört oder verblüfft,
unsicher, schwankend,
oder wir können
ein unerwartetes Geschenk
freudig annehmen.
So entdecken wir, dass die Ausdruck des fragenden Zustandes
sich von Augenblick zu Augenblick wandelt.

Die drei grundlegenden Zustände des Seins III

Der fragende Zustand ist der Grundzustand des Seins;
ohne Unterlass offen für das innere Enthüllen und Befragen.
Seele, Gemüt und Körper eins,
sie bleiben weit offen,
sogar wenn die anderen beiden Grundzustände des Seins
sich auszudrücken beginnen.

Der fragende Zustand sollte
unser natürlicher Seinszustand sein,
in jedem Augenblick.
Unser Körperhaltung wird ihn dann sichtbar machen,
in unseren seitlichen Rippen, die offen bleiben.

Wir haben schon gelernt,
unsere seitlichen Rippen offen zu halten,
indem wir auf natürliche Weise atmen.
Prana-Atem fliesst durch alle Gelenke,
besonders in den Höhlungen der Schenkelknochen
und in den Pfannen der oberen Knochen.

Unsere Körperhaltung wird nach und nach,
ganz natürlich,
diesen fragenden Zustand sichtbar machen.

Wenn ihr aktiv werdet –
eine Entscheidung trefft,
entscheidet, anzunehmen
oder etwas zu tun –
tretet ihr in den
bejahenden Zustand ein.

Dann dehnt sich die Spannung im zentralen Muskel –
während die seitlichen Rippen offen bleiben
im fragenden Zustand -
nach vorne aus,
den äusseren Rändern
des Phrenos entlang,
dahin, wo der Muskel festgemacht ist
an der Vorderseite der seitlichen Rippen.

So wird die Spannung des fragenden Zustandes
aufrecht erhalten
während des bejahenden Zustandes.
Weil,
wenn ihr gehandelt,
gesprochen oder etwas angenommen habt,
und sogar während des Handelns,
Sprechens oder Annehmens,
werdet ihr immer noch
in eurem inneren Wesen,
euch fragen, erwarten, gespannt sein,
was das Resultat sein wird von -
oder die Reaktion auf das –
was ihr tatet oder sagtet,
oder bereit wart, anzunehmen,
oder annehmen wollt.

Wir kennen nun und können fühlen -
mit Sicherheit erkennen, durch dieses Spüren und Fühlen -
die erweiterte Spannung,
die nötig ist, wenn wir
alle Schattierungen des Annehmens
ausdrücken.

Es ist die Haltung
eines Menschen,
der in Gesten und Bewegung ausdrückt:
‚Ja'.

Die Bewegung, die ‚Ja' ausdrückt,
wird von dieser hinteren Stütze ausgehen,
der Stütze, die unserem Kopf gegeben wird
auf dem Atlaswirbel;
sie markiert den Beginn der Bewegung
durch eine federnde Bewegung von hinten
in den Vorwärts-nach Unten-Fluss der Bewegung
‚Ja'.
Die Spannung des zentralen Muskels
enthüllt und übersetzt auch
den dritten Grundzustand des Wesens,
wenn ihr ausdrücken müsst,
dass ihr nicht handeln,
noch euch an einer Handlung beteiligen wollt,
und 'Nein' sagen müsst,
zu etwas oder zu jemanden.

Die Spannung aus dem fragenden Zustand
wird sich rückwärts ausdehnen,
auf die Wurzeln des Phrenos zu.

Ihr werdet euch im Rücken anlehnen,
und aus der Wirbelsäule heraus wird sich euer Rücken ausbreiten.
Wir könnten diesen Zustand
einen negativen Zustand nennen.
Ein Zustand, in dem wir
nicht handeln wollen.
Wir drücken aus: Nein, nicht, nie, nirgends,
die Spannung des Fragens
dauert an,
weil in euch die Frage zurückbleibt:
Wie wird der andere handeln,
wenn ich nicht annehme,
oder nicht teilhaben will
an einer Handlung.

Die Spannung des Verneinens im Phrenos
wird euch veranlassen, euch im Rücken anzulehnen,
und euch von der Wirbelsäule aus
nach links und rechts auszubreiten.

Sie wird die Haltung und Geste
des Kopfes auf dem obersten Wirbel schaffen:
Ihr sagt still: 'Nein'.
Bewegt ihn von links nach rechts
oder umgekehrt.
Auf eurem ausgehenden Atem
könnt ihr sprechen und sagen:
'Nein'.

Der fragende Zustand I

Der fragende Zustand ist der natürlichste Zustand des Seins.
Wir können die Zukunft nicht erkennen,
nicht einmal, was der nächste Augenblick bringen wird.
Daher sind wir in unserem Inneren Wesen immer darauf angewiesen,
nach Innen zu lauschen.

Wir müssen unsere Aufmerksamkeit wecken,
die aufnahmebereit im unteren Rand
unserer Schädelbasis liegt,
sie bleibt immer - auch wenn sie nicht aktiv ist - fragend.
Wenn wir nach Innen lauschen,
wird sich unsere Aufmerksamkeit aus dieser Stütze
öffnen und nach unten richten.
Sie wird im ganzen Körper
den grundlegenden Zustand des Wesens schaffen,
den fragenden Zustand.

Der fragende Zustand wirkt in uns,
er öffnet die unteren Rippen,
an denen die äusseren Ränder
des Zwerchfells festgemacht sind,
er findet seelische und körperliche Stütze
gegen die unteren, hinteren Rippen.

Es ist wahr - doch haben wir es vielleicht vergessen -
dass das Zwerchfell, ausser dem Massieren der Organe im Becken,
die die Luft in die Lungen ziehen,
auch der Muskel ist,
der alle seelischen Spannungen
in Handlungen und Ausdrücke übersetzt
durch drei grundlegende körperliche Spannungen
des Zwerchfells.

Auf diese Weise können wir
alle inneren Bewegungen der Emotion ausdrücken,
alle Inspiration, Ideen und Absichten,
in drei Grundformen des Ausdrucks für all unsere Stimmungen,
in unendlichen Variationen.

Der fragende Zustand II

Der fragende Zustand schafft
eine besondere Haltung in unserem Körper.
Der vorderste Teil
des zentralen Muskels,
der unseren Magen bedeckt,
kann, wenn wir ausatmen,
unseren Magen frei rückwärts bewegen,
zur Wirbelsäule hin.
Und wir können fühlen,
gerade unterhalb des Brustbeines,
wie diese Bewegung
eine Magengrube schafft.

Die unteren seitlichen Rippen bleiben offen, weit auseinander,
nach links und rechts, wenn wir ausatmen,
sie lassen den Magen frei,
nach unten zu sinken, zur Wirbelsäule hin.
Wenn der Atem frei hinaus fliesst,
wird er unseren klanglichen Ausdruck
durch die Stimmbänder tragen,
in Klängen und Worten.

Der Muskel, der die unteren rückwärtigen und seitlichen Rippen bedeckt,
sollte seine Stütze nach unten, auf den Hüftknochen, suchen.
Wir neigen dazu, diese Muskeln anzuheben.
Leider heben wir fast all unsere Organe
von ihren Stützen weg.

Bhagavad Gita: Kapitel 5, Vers 27:
'Wir haben den äusseren Kontakt draussen gelassen;
mit der Vision innerhalb der Augenbrauen;
wir haben den ein- und ausgehenden Fluss
des Atems durch die Nasenlöcher ausbalanciert.'

Der fragende Zustand III

Wenn wir fortfahren, in den zwei feinfühligen Regionen
in unserer Schädelbasis das Gefühl von Raum schaffen,
diese beiden Zentren weit auseinander halten;
dann wird uns diese einfache Bewegung
nicht nur unsere unteren seitlichen Rippen öffnen,
und uns so ermöglichen, natürlich zu atmen,
sondern auch im unteren Becken
die quer liegenden Muskeln des Bauches strecken,
die vom Brustbein bis zum Schambein hinunter reichen,
sie entspannen, frei von Verkürzungen des Zusammenziehens,
sie wird alle Organe im Becken
stützen.

So wird die Region zwischen Brustkorb und Becken
von Spannung befreit,
da wird kein Druck sein unterhalb der Luftröhre.
Und die Kehle bleibt offen
und lässt die Luft frei hinausfliessen.

Die Luft ändert ihre Richtung
auf die Kehlwand zu,
hinten im Mund.
Die Luft steigt in die Kehle
und wird dann nach vorne gerichtet,
fliesst in den Mund,
unterstützt, wie wir sagten,
der Kehlwand entlang
hinter dem Mund.

Die Zunge bleibt frei von aller Verspannung
und ruht im unteren Kieferknochen,
der sich ausdehnt und eine grosse Schale bildet.

Nun können wir unsere Aufmerksamkeit
auf die drei grundlegenden Zustände des Seins richten,
in Bezug auf Ausdruck.

Der fragende Zustand IV

Lasst uns unsere Aufmerksamkeit wieder
auf den Zustand richten,
den wir im Inneren geschaffen haben:
den fragenden Zustand.
Sie stellt das natürliche Atmen wieder her
und weckt das Gefühl für all die Stützen
in unserem Rücken, in unserem Becken,
und gegen die Kehlwand.

Der fragende Zustand schafft
eine innere Stille.
Unsere Aufmerksamkeit wird sich im Inneren öffnen.
In dieser wachsamen Stille
werden sich Inspiration, Ideen und Absichten
erheben und uns sagen,
was wir in diesem Augenblick ausdrücken sollen.

Da ist der natürliche Zustand des Befragens,
er ist und bleibt lebendig in all unseren wechselnden Stimmungen.
Die äusseren Ränder unseres Zwerchfells,
die an den unteren seitlichen Rippen festgemacht sind,
bewegen sich voneinander weg.
Diese öffnende Bewegung breitet sich durch den ganzen Körper aus.

Stellt keine Fragen!

Stellt keine Fragen!
Seid die Frage in diesem Augenblick.
Weshalb wollt ihr euch selber 'Tun' sehen?
Vorgefasste Handlungen,
vom Denken kontrolliert,
mischen sich ein
in vorüberziehende Gedanken und Bilder.

Wir sollten unsere eigene Bestimmung erfüllen.
Wir können nur dann wissen wie,
wenn wir in unserem Inneren
eins bleiben mit der schöpferischen Kraft des Unendlichen Raumes.
Es ist für unsere ganze Form völlig natürlich,
offen zu sein und zu lauschen
auf das, was uns in jedem Augenblick geschenkt wird.
Inspiration und schöpferische Intelligenz leiten
unsere Seele, unseren Geist und Körper, eins,
in dem, was wir tun oder sagen,
in all unserem Ausdruck.
Wir sollten vollkommen gegenwärtig sein.

Fragen zu stellen bedeutet, Gedanken und Worte zu fixieren,
entweder in unseren Gebeten
oder gegenüber Menschen um uns herum,
oder gegenüber uns selber, oder gegenüber Gott.
Dies wird uns verunmöglichen,
in den fragenden Zustand zu gelangen.

Geboren in diese Welt, können wir trotzdem
in unserer menschlichen Form, in inniger Beziehung blieben
mit der Gegenwart des Schöpfers.
Diese Gegenwart schafft in uns, in jedem Augenblick,
was getan oder gesagt werden muss,
um in diesem Augenblick
unsere ureigenste Bestimmung im Universum
zu erfüllen.

Fotografische Dokumente

Prinz Raden Mas Jodjana (1893-1972)

Raden Mas Jodjana als Professor
in der 'Academy of Dramatic Art' in Amsterdam

Raden Ayou Jodjana spielt die Tambura

Raden Mas Jodjana als 'Krishna'

Roumahlaiselan in 'der Fall des Königs'

Roumahlaiselan

Bhimo, 3 Jahre alt

Parvati Jodjana

Bhimo, 17 Jahre alt, kurz vor seiner Gefangennahme

Schulangebot in Vergoignan, 1936   -   Programm Aufführung 1947

Detail aus dem 'A Book of Self Re-Education' 1981